LABYRINTHE
Poesie im 21. Jahrhundert

Werner Reichhold

LABYINTHE by Werner Reichhold
Copyright c 2016 by Werner Reichhold

Cover Design by Werner Reichhold

First Edition 2016

ISBN: 0-944676-92-8

AHA Books
P.O. Box 767
Gualala, CA 95445
USA

www.AHApoetry.com
Werner@WernerReichhold.com

In Dankbarkeit

an meine Frau Jane Reichhold, für ihr Mitdenken bei der Entstehung
von SECHZIG DEUTSCHE GASELEN, 2013; für ihre Mitarbeit
an diesem Buch LABYRINTHE, 2016. Ferner in Erinnerung an ihre
eigenen Arbeiten DURCHWEBTES PAPPEL-LABYRINTH, 1978,
im Landschaftsraum um Neuenkirchen; an ein STEIN-LABYRINTH
in Ruth Falaziks Galerie Springhornhof; für ein PARK-LABYRINTH
während der Künstlerbundausstellung in Stuttgart,1980, und für ihre
fackelgestützten FEUER-LABYRINTHE in Hamburg-Duvenstedt, 1980.

Mein Dank richtet sich an meinen Sohn, Florens Reichhold, für seine
Mitarbeit und für seine Korrekturen an SECHZIG DEUTSCHE GASELEN,
2013, und für seinen wertvollen Rat und für unschätzbar viele Korrekturen
zum Buch LABYRINTHE, 2016.

Wolfgang Beutke sei herzlicher Dank ausgesprochen für seine Buchkritik
an SECHZIG DEUTSCHE GASELEN, 2013, und für die mit
Einfühlungsvermögen durchdachten zahlreichen Stellungnahmen beim
Entstehungsprozess von diesem Buch LABYRINTHE, 2016.

EINFÜHRUNG

Die Erschließung der *Labyrinthe* beruht auf Verschränkung von poetischem Text und Leser. Wir blicken auf ihr Zusammenfinden, auf ihr Zusammengehören.

Bei Überprüfung der Bezüglichkeiten zwischen den Einzellabyrinthen begegnen wir dem Wechsel von Genres in dem Maße, wie die Inhalte der einzelnen Sprachlabyrinthe es als wünschenswert erscheinen lassen.

Methoden, auf die sich Verbindungen von Buchstaben hier eingelassen haben, fließen aufeinander zu, untersuchen ihre Nachbarschaften und kreieren mit Vers, free-vers, Gasele, Prosa, Märchen plus Vers, Kurzdrama und Komödie eine Art Freiraum für Erlebnisbühnen. Scheinbar aus der Ferne wagt sich die Phantasie bis zum Wissen, bis ins Gewissen der Eule, verfolgt Kamel und seines Reiters Vision, ruft Eva und Schlange, Bettler und Trauung. Mit Mehrdeutigkeit vervielfältigen sich die Perspektiven. Sie einzubinden, zu verkoppeln, war immer Thema der Poesie.

Ob die in Verstecken lauernden Liebesbeziehungen zwischen der Vielzahl von Genres schon ein Licht vorauswerfen auf ähnliche Bestrebungen anderer Autoren und ob sie schließlich den Rang einer Grenzen überschreitenden Fusion auszulösen imstande sein werden, das bleibt dem Urteil der Leser anheim gestellt. Befindlichkeiten, Katastrophen, Spottlust und Ulk kommen Hand in Hand, bieten die Rolle des Mitspielers an und versenken den Überraschten in sich selbst, in sein Alleinsein, in einen nur ihm zugedachten Traum.

Die Reihenfolge der Texte bricht mit Traditionen. Wir sind im Labyrinth der Meere.

Hier ist der Ort einer Installation zwischen Lauschlust und Sprachmechanismen beizuwohnen. Parallelitäten von Paradoxen treiben es weit. Der Leser kann sich erlauben Lacher zu werden, wenn überraschende Schmerzphasen ihn einer Unschärfebeziehung zwischen Mutmaßungen aussetzen, so als seien sie Instrumente, Erprobungen vieler nicht durchschaubarer Ereignisse.

Die bewusst in Labyrinthe Verstrickten bewegen sich in Finderlaune, fühlen sich in eine neue Sprach- und Schreibarchitektur geleitet. Je nach den Vorräten im Erlebnisbereich des Einzelnen fügen sich Angebote ein und fragen, nicht ohne Ironie, nach Fähigkeiten, um außerordentliche Anlässe dem Bereich des Genießbaren zuzuordnen. Begegnungen zwischen den Einzellabyrinthen strahlen aufeinander ab und ersuchen die Leser das Material mit der Welt seiner eigenen Erlebniszonen abzugleichen. Verbleibendes an Unverständlichem kann sich später ausbrüten lassen, wenn Rätselhaftes sich schließlich doch verraten muss. Die daran Beteiligten haben das Vergnügen, schon Besprochenes auf eigene Weise endlos kollaborativ weiterzuspinnen.

Werner Reichhold

INHALT

LABYRINTHE

Stachelige Mitgift löst nicht die Zunge
in ihrem Schweigenlernen bebt der Speichel

Raupe   ihr Name aus der Gemeinde Beiläufiger
ihre irreduzible Farbigkeit meint was sie ist

Im Rechtsdrall mit dem Sonnengang entlässt
sie Charme zur Wegbereitung   Anrüchiges darf

selten Verlautbarung werden   mal erschaudernd
mal nicht im Sinne Wetteifernder am Boden

immer taumelnder Partnerschaft
nur für jetzt geeignete Reste von Schüchternheit

in Untertreibung auf der Terrassenliege
austauschbarer Reflexe der Gebändigten

Neu eröffnetes Labyrinth entblößt sein Zentrum
vielleicht als Ausschlupf um jedes Rätsels willen Anfang

am Ende der Leine von Ariadne   ihrer Freundin   lauert
ein Dachshund   seine feine Nase lernt den Bau bejagen.

Auf seine Seidenglätte hin ein Stoff des Frischgeparkten
zwei die nicht ausgezogen sind zu brüten gehen baden

Anrufung der Dinge   ihrer Taille halber   biegsam
von runden Lebensläufen leiht auch die Schraube Zeit

zum Einzug in ein Holz der Ringe   gleichberechtigt
bezeichnend   bitte nicht noch einmal überlegen

Andauerndes bleibt ohne Schloss
als gäbe es von zwei parallel laufenden Unglücken
den Schlüssel zum Begreifbaren
in einem von ihnen schon vollständig

so viel Öffnung
um nicht zuhause zu sein
an unserer Tür

Nahe am Zugzwang
für Versäumnisse gerade stehen
seifig am Rücken
Duschperlen springen vom Knie

nur durch einen Spritzer
sorglos dem Nachttraum
Platz im Tagtraum einräumen

fast absichtslos
der Nachbarin zur Hilfe
wo Duft verblieb
beim Wäschetrocknen
die Klammer spreizen.

Erstarter Raum   Abweichler geben sich brüderlich
Säulen unterstellen „In Deinem Namen" und schwanken

Aus der Ferne sich nähernd das Vibrato gleitender Beizvögel
Wüstenherrscher formulieren altes Spiel im Reitersitz

Rumoren in Sätteln   jetzt wird die Haltung Einschmeichelung
Eingliederung in vertrauenerweckende Müdigkeit

Im Zeltschatten erprobten Wohnens das Betteln um Gunst
Türkischer Honig tropft vom Charme des Goldschmucks

Lust auf reife Renetten   hier würde selbst eine Viper rotbackig
bei einem Zubiss   der Kern glitschig   seine Unberechenbarkeit

So viel schweift ab   ist heute Tracht in Jeans vertrauter Helfer
Ornat im Alltag   Laune beim Bürogeständnis zweier Angestellter

Ausufernden Gaselen Raum geben   dem Unerfragten
den Paradoxen spielerisch zur Lösung überlassen

Trappers Lasso   lass es so beim Einfangen vielversprechender Kälber.

Angestrengt von Strenge
nach einer Sequenz der sechsten
oder siebenten Ausgelassenheit
   der Bäckerin von Sesambrot
   verbacken
zwielichtig in seiner Zukunft

ein Anagramm auf Suche

an Sitz und Gurt der Fluglinie
versonnener Sehnsucht
der namenlose Fensterplatz

das Doppelangebot mit Blick

auf rosa Fleisch
vom Lunch bei Tunfisch
mit Nachbars Nervenfäden
noch in der Warteschleife
     neu zu vernähen

vielleicht kaum nutzbar
es sei denn mutmaßlich
vom immer weiteren Geflogensein
selber das Fliegende zu werden.

In die Szenerie der Jahreszeiten drängt sich ein Dreieck
ruft aus seinen Ecken   *Seewiese* oder *Dahinein*

bis *Wartenicht* mit fremden Namen unverwechelbar
als ein Geplätscher eigener Münder Offenheit

Vor dem Verschilfen nicht bewahrt ist der Dorfteich
Tiere und Pflanzen verquirlen in ihren Wasserwegen

immer gegrüßt von langsam verfließenden Hautfalten
spät Alternder nach Verpartnerungen eilig

zum Urlaub ganz auf Verkeilung blasser Säfte erpicht
die Unterschlüpfe verteilt auf Gespenster in Sachen

Überwindung steif eingerichteter Materialität
Gebürtiges wandelt sich in Neuzubeschneiderndes

am Glanz der Schere verschollener Bistümer
mischen sich ehedem gerade Zahlen in die ungraden

auf Haarrücken der Wanderrobben ihr Vielgefallen
an der Zunge des Wetters schwimmen Mollusken
sie werden Proportion des Willentlichen
im Ausgetrocknetsein wie im Schwarm der Feuchte
tauschen wir das Wandergepäck   ihres wird leichter
wird Augenzwinkern dann Pulskorrektur und Träne
schließlich schneit es noch in unsere Nachtgespinste
als lüde sich Ulk ein zwischen Vermehrungsarglosen.

Von wem will sie wissen es sei vom Findling das Gefundene
kann ``Wade`` sagen und ``ich und meine`` um sich anzubieten?

Beim Hundebiss entstand die Vorstellung vom gestutzten Pudel
sie nannte es haariges Missverständnis   kramte nach Kamm und Pomade.

Haben es unsere Zähne vom Raubtier gelernt   war da mehr Mut anwesend?
Sind wir an Wirbeln einvernehmlich jünger wenn Fingerkuppen sie berühren?

Musste Gold warten   Schlange stehen   den Platz mit gelber Leere teilen?
Der Sog vom Saugen eines Teppichs tauscht in Gardinen Staub mit Kühle.

Durch einen Tunnel hangeln zum *Ausgang Licht*   erfrischend in Verstecken
in Platzwunden   Platzwundern   gehen wir dort mit immer Anderen auf und ab?

Netzeinladung fern aus unseren ``Portalen`` ohne eine Kosung
als sei es ein Angebot von nirgendwo zu niemandes Quartier.

Für Einfältiges Vielfältiges unlösbar verbunden
mit Rosenöl mehr als seine Süße schwer an Fingerspitzen.

Höhlenzapfen zwischen Zweien die zu sich selber tasten
mit der Ente im Bad zum Tierlaut freigeschwommen.

Waberndes Genüge bei den rosa Flossen offenen Mundes Fisch
wohin mit den Ovalen sogar die Seife ein Format der Innenhand.

Wir winken ihr weißer Arm die Waage Nordstern als Gewicht
am Nacktstrand im Raum von Wurf zu Wurf flacher Steine

mit Fühlern des Sandflohs zwischen Zehen die Dämmerung
im Traum an der Sehne mit dem Pfeil Licht gefiedert.

Sternenschein und Muschel wer lässt sie allein matt in Perlmutt
im Umkreis ihrer Wallung täuschend fremd immer reichere Nähe.

Vorgeplant das Absetzen der Tasse während eines Interviews
Faltenkitzel ums Auge einer Träne wer nimmt sich ihrer an

beim Würfeln ausrollen lassen eine Qual dann liegt die 6 still oben
Lippenschwung aus der Zuneigung seiner Röte den Freund ermitteln.

Der Hals der kleinen Flasche Parfüm gewohnt schon bald zu eng
am Sofa die lästige Spinne gesucht wir finden sie im Katalog Linnés.

Täuschender Amethyst sein Violett gibt sich schmerzlos nicht her
Rachaele hat Geduld ihr Windhund zerbeißt für sie zu frühe Bindung.

Irrwege am Vorliegenden des Alltags Umführung
Verführung aus fast überhörbar eingebetteten Verben.

Toben in Verschwiegenheit nicht anrüchig
in wessen Falle fürchten wir Überwältigung?

Falschspieler zögert täuscht die alternd Schwächelden
an Endlosfäden antiker Labyrinthversponnenheit

den Ausgang finden. Was klirrt aus wessen Schlüsselbund
mit wem unschlüssig im Baderestaurant am Spielplatz?

Lachs auf unser beider Teller teilt sein Rosé Heimat
Seeduft zittert um die Gabeln - werden wir heute drei?

Daidalus erforschte seiner Sphären Lichtverliebte - ließ sie
fliegend suchen in Verstricktem ihres Allereigensten

Ins Meer stürzt Icarus Abschied von Wachs und Flügeln
noch immer pflegen wir das Bild in Textverstecken.

Ödipus schläft   Rotz seiner Nase stößt ans Häubchen
der Nachtschwester   Aufschrei erst nach langem Oh

bleich am Fuß der Waschung einer empfänglichen Bathseba
unerschrocken im Gleiten   wachsam vor Palmsonntag

zu mehr Feuchte geneigtes Gewicht macht kein Aufheben
um erwartete Unpässlichkeit   überraschend geräuscharm

unvereinbart schlaues Zucken eines Muskels   Vertrauen
heute Schlaubergerin zu werden auf frischer Tat unertappt

beugesüchtig mit dem Langsamsten in einem lecken Boot
Warnschild *Untiefe*   Straucheln schon im Handumdrehen.

Der Klang des Wortes Besuch bei Annäherung
zweier Füße in der Schrittsetzung einer Einladung

zum Labyrinth ohne Mitte   ein neues Verhältnis
zur Einkleidung von Verlangen

im Findungsprozess der Hunger auf spät Enträtselbares
und die Verlockung eines jungen Selbst zu Fehlgängen

noch keine Entscheidung gefällt wie Ererbtes vertrauter
gesehen werden kann oder weiträumiger in Richtung

auf das Auge der Lüfte   es blinzelt ins Unbewusste
würden sie leben wollen ohne einen Auftrag mit Fragezeichen

ungeduldig geplant   anheimelnd   eine blasse Hauerkette
ums Genick   Perle im Nabel   eine Zielvorstellung

in Texten von Boccaccios *Decamerone* ähnelt dem langsam
entbundenen Hautweiß auf Jacques Derridas *Postkarten*

die Büro-Pilotin einer Drohnenaktion findet nicht mehr heim
sie ahnt das Rückeneinseifen von einem fremd Gewordenen

das Orakel in Altgriechisch löscht der Server am Netz
verspannte Nacht nach Ruckreiz aus elektrischer Zahnbürste

Brühe   sagt sie beim Morgenkaffee   *merkwürdig   denkst du*
ohne unser Gespräch entstünde die Lösung verschränkter Algebra?

Vom noch nicht Durchdachten führt gleich links eine Treppe
hinunter in den Strahlenschutzkeller

Jede Stufe hört auf ihr eigenes Federn, ein Besucher tagträumt im Garten.
Beim Vermessen der Bedenkzeit lungern fremde Worte über tauben Ohren.
Wir radeln noch zum Markt, vorbei an Kirche und Rathaus zur Raketenbasis.

In fremden Landen   den Finger am Knopf   meditiert rauchend
im Lotussitz
die Zielplanungsbeauftragte
7 6 5 4 3 2 1   zero

juiced im Massenlager
Schere   nein
Mophium   bitte

Schmetterling
sieh mal

die Hälften seiner Flügel
nicht mehr entfaltbar
vor dem Wind

Vom Erinnern weiß so sacht zu fallen   nur der Schnee
es wintert   bald wird auf ihrer Haut   Schnee an Weiß gewinnen

er fragt   sie liest   Lebenslinien   aus einer Handvoll Schnee
es wird heller   diese wegearme Nacht   aus Kristallen

bergab das Eis   ein Ball im Sturz die Wolke   wir ducken uns
Kohle Rübe Hut   mein Stock in Splittern   am Schneemann

Mädchenzöpfe   ein Jäger zögert   wohin im Pulverschnee
Kissenflocken   wir schütteln die Federn   der Schneehühner

Porzellantasse   am Rand schneeweich   der Halbmond lila Lippen
Schneeschmelze   in Frühlingskleidern frieren wir   barfuß.

Beizeiten
eingebacken
in geschlitzter Semmel
erscheint die Zeit
mehlblass ihre Tochter
früh um vier

vor und hinter ihrer Schürze
Monate aus keiner Zeit verlobt
die Schüchterne

da kommt auf weicher Sohle   zeitvergessen   ein Nager
husch   hört man die Maus   sie weiß   dies ist ihre Stunde

der Teig geknetet   seine Wölbung   beinahe unsere Rundung
Blick durch die Brezel   Salz und Zeit   ein Glitzern

knisternes Seidenpapier solange sich Trostzeit verpacken lässt
Anruf vom Hospital   wo bleibt denn das Süße
Torten-Neunzig trocknet   beim Aufschneiden   keine Zeit verlieren

blanker Kerbschnitt   mit der Zeit verwachsen   nahe einer Wiege
das Spinnrad surrt   jetzt läuft die Zeit dem Schaf davon

Wärme   im Dunkel ihrer Wolle   den Winter verbringen
offenen Mundes Zeit   für die Näherin   leichter Stoffe Fäden.

Federleicht   durchsichtig auf Chintz und rasch
zu bewegende Knöpfe verneinen   wollen abwarten

die Schere in der Rechten der Schneiderin
will das Material in seiner Unteilbarkeit bewahren

es von Schelte freihalten   dem Stofftier Lippen geben
bis eine verdrückte Naht sich das Wort nimmt

jede hält sich an ihren auserwählten Bezug
kaum einfältig zu nennen sind Mischeinfärbungen

sie halten still bis alles im neuen Zuhause trocknen darf
das Wort unzertrennlich erwartet weniger Betonung

bei anhaltenden Schauern treten wir ins Freie   stellen uns
die Anzahl der Regentropfen vor   multiplizieren sie

mit Sternschnuppen   ziehen daraus die Wurzel und lenken
den Blick ins Kücheninnere auf eine haarige Moorrübe

zufällig   nach der Dusche   rutscht der Freund in ihre Schuhe
mit hohen Absätzen   Waden spannen sich wie nie durchlebt

an der Wirbelsäule bildet sich Kriechstrom so dass den Lenden
ein Gesetz aufgezwungen wird und der höher beatmeten Brust

es leichter fällt Kopflosigkeit fast ohne Murren zu balancieren.

Wollte er doch nichts wie eine Schieflage als gegeben einstufen
vielleicht der Mund als kleine Schippe die beim Graben blass wird

um im Klagelaut der Spielenden gemeinsam Schritte einzuüben
das Paar grinst im beschwerlich Niedrigen der Sitze im Leih-Coupé

ist lähmende Parfümzuwedelung aus Ohrschmuck Marktgeschehen?
Geplante Veralberung des Ungewissen liegt auf der Lauer.

Freund & Helfer überholt   lädt vom Speicher   fingert an der Mütze
von allen Vorgesetzten der Rausch des Nachhaltigen im Strafzettel

beim Verweis auf Einbahnstraße   ihre Augen wie aus frischen Laken
Angstschweiß am Knäuel   Ariadne fühlt am Faden ihren Weg zurück

mit Blutspur   die Abfahrt zum Hotel jetzt salzgestreut   Glatteis
hilfreich als sei das einzig Glühende beim Abendmahl ein New Yorker

& sie aus Schanghai im Glanz der Kerze Gengemischtes zu verspeisen.

Bremsbeläge erneuern   Ölwechsel ein Muss
ist da ein Teil das nicht beim Kuss der Monteurin lernte?

An feuchter Zunge zu Langsames korrigiert   Antwort
hinausgeschoben als Fragestellung   misslang etwas ganz?

Sternenhelle und Finsternis   wie wurden wir ein Tier?
Haarschopf an Sashas Puppe verrät die Pflege launiger

Kinderhand die ihrem Günstling Unbekanntes bieten will
im Ungestüm   beim Augenaufschlag beider Glasaugen.

Verjüngung in Verkeiltes kein Vertun   im Schneidersitz
barmherzig sein   Verweigerung verwirrt   wie entsteht ein Fest?

Nichts Essbares ohne Anfang   ohne Algensoße kein Geringeltes
im Strandkorbschatten hörbar wie die Flut in Nonos Partituren.

Alternde Finger Umwertung gespeicherter Genussanteile
nummeriert leicht wiederauffindbar mit sanftem Klick

Trödelei plus Nichtverantwortes schleicht ohne Rückhalt
auf Diskette Entgeisterung Gegenlicht am Berg wir blinzeln

im Fahrradrückspiegel ziternde Glasgerinnsel heute überraschend
ein *Ave Maria* vom iPhone als Klingelersatz nichts liegt brach

meinte Marcus immer noch ein Evangelium drauflegen Sucher
findet sich als Sprachzwitter Einverleibung von halbkriminellen

Wortqualitäten Filterung der abgebrühten Wünsche
bei Auswahl von Toilettenartikel Lidschatten betonen wie damals

zur Zeit der sorglos verlangsamten Schulaufgaben *unterschwellig*
suggerierte sie, *bin ich ein vieldeutiger Bestandeil meiner Wäsche*

wir lassen hier offen ob die Verwertung unseres Vertrauens
zu *Tausend und eine Nacht* Dehnungslust vorantreiben dürfe.

Früh auf Reisen zwei Hälften teilen den Fahrradsattel
was ist mit Klingel mit Pedale Rücktritt Pumpe? Wer mehr ahnt
leckt Schlauch mit Speichel wohl nicht ein zweites drittes Leck?

Den Sieg durch Treffer in den leeren Raum erzwingen Volleyball
im Strandsand zerrinnt der Freundin Vorstellung vom splitternackten Fuß
Geräusche auf Kies gerinnen grafikfähig vom Stein zum Abdruck.

Wir kneten Teig   die Zwetschenunterlage kennt die Hände vom Gerangel
Süchtiger nach Ofenhitze kennt Hitze vom Furunkel das im Eiterfluss verglüht.
Noch Rebhuhnbrüste an Bestecken Gäste zu vierhändigem Spiel anregen?

Die vom Angebrochensein erlöste Flasche quietscht dem Korken hinterher
``wir beide`` geht es doch um Haaresbreite schief wie bei Leonardos Lisa
sie hat das Grinsen über des Strategen Kunst nie aufgegeben.

Ophelia 19 über Biegungen stabilisiert sagt sie schwelge in Terminen
nur in Stöckelschuhen wisse sie weiter Rückspiegel in der Sonnenbrille
erhöhe ihr Selbstbewusstsein auch im Regen gerne Rettungsschwimmerin

am Ellenbogen Insel Sylt dort ist ihr Gebaren mit Anrufpiep am Gürtel
Trumpf   aus steiler Dünung ihres Wesens streng im weichen Wahn
Diebin des Wertbeständigen nach eigenem Maßstab Engel.

Seetreppe, wohin gleiten deine Wellen, was ist so anziehend am Mond, dass Meere ihre Zungen danach ausstrecken?

Es scheint eine Angewohnheit der Wasser zu sein vor sich hinzuglucksen. Wir glauben eine Frage zu hören; aber enthalten diese Stimmen nicht zugleich ihre Antwort?

Von Hügeln der Steilküste aus betrachtet erstreckt sich das Meer als sanfter Teppich;
Anwohner weben dieses Gefühl in weissagende Muster ihrer Kleidung.

Ozean, im Ansaugen der Sonnenstrahlung hast du wohl alle Hände voll zu tun und es gelingt dir dich mit länger werdenden Schatten einzulassen.

Abends bildet dein Atem am Horizont Mischlicht. Wir Flanierende wünschen es mit in den Schlaf zu nehmen, denn Irrwege beleuchtet es spärlich.

Wen aus der herrschenden Windrichtung kann die Seemannsbraut vertraulich nach der Ankunft des Geliebten befragen?

Wasser, wenn Nebel deine Wellenkämme verschleiern warnen Sirenen.
In Furcht drosselt der Kapitän seine Maschine. Tränen im Blick des Wachhabenden verkürzen seine Sicht.

Auge in Auge mit einem herannahenden Sturm kann man auf dir, weit offene Fläche, einsehen, dass es ein Gewinn sein wird nachzugeben.

Kiesel, das Meer verleiht euch Glanz; herumgerollt zu werden, da fühlt ihr euch in eurem Element.

Mitsommernacht am Fjord - im Schein flackerden Kerzenlichts das Lachen Liebender auf deinen schwankenden Booten.

Glockenton der Boje - nah dem Hafen - Wiederkehrende;
die zwei Badetücher im Duschbad des Hotels sind mit Fischschuppen verklebt.

Meer, es kursieren geschlechtlich anregende Witze über deine Hilfetaktiken.
Sie haben dich, laut tobend, nur zum Weinen veranlasst. Wenn aller Wesen Tote
dir bei Ebbe erscheinen, lässt du es wieder Flut werden.

Aus Vulkanspalten erwarten wir Taucher zuück. Unterkühlt entsteigen
ihre Körper der Brandung, an ihren Speeren Rochen. Es beginnt zu regnen,
und nur so zur Gesellschaft zeigen wir lächelnd gegenseitig auf unsere Nässe.

Meer, ist es möglich, dass die kleinen Wasser-Skulpturen, unserer Mütter
Kreationen nicht immer wieder in Uniformen und Waffen ausgestellt
werden müssen?

Noch nie hat die See im Geben und Verlangen nachgelassen. Neue Flut
neue Münder. Meer, mit wie wenig Asche bitten wir dich einen Feund
heimzunehmen.

Lautréamont kommt und du entkleidest dich wortreich. Es braucht nur eine
Anspielung von Ravel und zwischen deinen schwimmenden Tälern lassen
sich neue Saiten aufziehen.

Versailles - wir helfen wenig nach und schon entführen deine Fontänen uns
Verliebte.

Wer das Meer zu malen vermeidet, fühlt deinen Körper ohnehin in sich
ausgestreckt und die erregensten Wellen sind schon in japanischen
Holzschnitten verewigt.

Welle und Teilchen zugleich - vielleicht in einer Flaschenpost? Kann eine
Nachricht die See spurlos durchqueren, ist es hier so, als bestimmtest du Ziel
und Dauer einer Reise?

Ozean, ich suche eine Muschel an deinem Strand, lass mein Kind mit ihr spielen;
immer verbeugst du dich unter geheimnisvollem Wispern und entschwindest.

Mutter Meer, falls du einen Wunsch hegst, lass ihn mich ahnen. Auch ohne Gewissheit dich richtig verstanden zu haben, wird er sich als Geschenktes von dir einhändigen.

Unsere Schwimmerin ist irritiert sie fühle Uferlosigkeit
Stoß aus unterschwelligem Gestein erlahmte hier eine Brücke?

Gebautes zwischen uns und Wassers Tiefe als Getrenntes
nach einem Namen suchend nach Einheit wie Kopf und Axt

wie Liebe Schlappe und Vermehrung oder wiederholträchtig
passioniertes Kinderspiel und Schutzgesetze wer die Mimose

nachahmt wird sich nicht bekleiden nur um den Tod der Scheuen
im Schatten der Dicken zu erleben Achselhaar feilscht um Bußgeld

Goldzähne für Platzreservierung noch vor Angebot des Schlunds.
Wer will Strolch geschimpft sein nur weil die Gurke die Banane

beargwöhnt weichere Pelle anzubieten Maibaum eine Affigkeit
dort mit Schwanz am Stamm herumzuklettern ohne Aufregung

den Sog von Untreue achten weiß man doch vom Breitschwanzlori
er finde ermüdet vom Gleiten selten zur Mitte seiner Hoffnung

und so ergeht's dem Gastprofessor über seinem Mikroskop wenn
Flügel vom Insekt im Wind aus Fenstern ihm entfliehen

wir folgen Bräuten von Panzerfahrern nach Belagerung von Tobruk
sie lasen Briefe drei Mal beunruhigt von des Geliebten Handhabung

alles sprengender Granaten bis heute eingelullt in Matsch nach Plan
Wüstenwehen alles im Saft behütet von der Palme aus ihrer Datteln

Ernsthaftigkeit grüßt der Kern die Auspuckenden Lust beschleunigt
den Wunsch von Geschwistern nach vertraulicher Nähe wenn sie

die Schärfe von Zacken der selbstklebenden gestempelten
Roten oder *Blauen Mauritius* einer tastenden Prüfung unterziehen.

Bitte   **Leib**

Eine Dirne   zum König geladen   sagte: *Wer ich bin das weiß ich nicht.*
Was du erwartest das hast du schon.

Der König ließ sie wissen:

bleib
ungesucht
ungefunden

Ein Troubadour   zur Königin gerufen   gab ihr zu verstehen: *Was ich bin*
das ist zugleich dein Eigen. Was du nicht weißt erwartet dich.

Darauf der Königin Antwort:

bleib
der Ferne schnellste
Zunge ungebunden

Diener und Page   angewiesen die Nacht in Rufweite zu verbringen
lauschten und lernten:

sie kam
er ging
von keiner Bleibe

Wie war sie, die Kaiserliche Familie?

1998, im Supermarkt von Gualala, California, U.S.A., trat eine Japanerin spontan auf mich zu und fragte

Ich sah ein Bild von Ihnen und Ihrer Frau und einen Bericht über Ihre Einladung an den Kaiserlichen Hof in Tokio -

wie war sie, die Kaiserliche Familie?

Ich erzählte vom Pine-Room, von der Rezitation japanischer Dichtung durch Sänger der Staatsoper Tokio, vom Widerhall ausgefeilter Akustik, wollte mehr erwähnen, aber sie unterbrach mich

wie war sie, die Kaiserliche Familie?

Ich sprach von den Gewinnern unter den vierzigtausend Bewerbern für den Tanka-Wettbewerb dieses Jahres, unter denen die Jüngste 15 und der Älteste 91 Jahre alt waren, wollte ergänzen, dass...

Sie aber fragte erneut

wie war sie, die Kaiserliche Familie?

Aus Furcht, Hatsui für lange Zeit zu deprimieren, scheute ich davor zurück sie wissen zu lassen, wie eingeweihte Kreise am Hof um die Gesundheit der Majestäten bangten.

Jetzt erhöhte sie ungeduldig die Intensität, mit der sie mich anblickte, geriet offensichtlich in eine Form von Abwesenheit oder beinahe in Trance, als sie erneut fragte

wie geht es der Kaiserlichen Familie, der Kaiserin, dem Kaiser?

Ihr Augenlicht schien die Granitmauern des höfischen Anwesens zu durchstechen. Ihre Hautfarbe wechselte zwischen Grau und verschossenem Zartrosa, von Karamell zum Glanz nasser Erdfarben, zu Muschelton und nachttaubem Perlenglanz. Lächelnd hinter der linken Hand verbarg sie alternde Zähne und die für sie selbst trostlose Vermutung, sie könne Navigatorin des Kronprinzen werden, vielleicht treibend auf einer handgeflochtenen Matte aus Seetang. Sie tauchte aus behütetem Seegrün in die Zerrissenheit von Taifunwolken, roch während eines höfischen Gastmahls einen unter den Tisch geklebten Kirschkaugummi, sah Laich vom Geliebtwerden dösender Karpfen unter der Brücke des Tempelgartens zu pumpenden Mäulern quabbeln, beugte sich über die nachgebenden Ränder eines Lotosbeckens. Sie wurde Eckzahn eines Tigers, fühlte ihren Gaumen rau wie Rohseide, als eine Gazelle sich näherte. Sie ließ sich als Faden durchs Nadelöhr ziehen, durchlöcherte mit Munition geringen Kalibers Konten der Geldverleiher rund um den Palast. Schmollte wehrlos in Verweigerung eines Mitwissens um ihre Urahnen, fühlte, wie bei den Hofdamen in Wartestellung schwarze Pupillen hinter Fächerschlitzen zitterten. Sie stellte sich vor, sie schwebe aus einer Bambuswiege, verdampfe im Nymphenbad, benahm sich wie eine Kreißende, so dass es totenbleiches Tofu, Froschschenkel, Lippenstifte und Kondome aus den Regalen des Marktes in die Handtaschen Aufgeklärter hätte schleudern können. Etwas, das sie sich im Vorbeiflug schnappte, wehrte sich gekaut zu werden.

Währenddessen raste immer die gleiche Frage durch ihre Sinne

wie war sie, die Kaiserliche Familie?
Ja, Fremder, versteh mich bitte, ich bin nur Hatsui, einkaufende Mutter; angemessen wähle ich mein Blütenkleid, zu Neujahr pflaumenfarben, trage es so lange, wie es mich erträgt, im Schritt mein Schnitt.
Bitte suche nicht nach meinem Namen, ich möchte nicht bekannt werden als Person im Gespräch mit einem Reisenden, der vergangene Woche zu Gast im Palast mit der Kaiserlichen Familie Japans Blicke wechselte, Atemluft teilte -

entschuldige mich, ich muss gehen   auf so hohen Absätzen kann ich länger nicht stehen.

Auf Umwegen abgelegtes dieses von Freunden
leicht empfundene Betretensein die Wärme des Anstehenden

der sich Berührenden bei Abschied ins Verlassen die Ängste
des gemeinsamen Verlorenseins ausgebadet die Haut gereizt

vom Buschwerk ohne Kommentar Gang der Vereinzelten gegen
den Chor der sich Zurückfindenden einTanz um Bitten füreinander

er bildet eigene Bühnen der Raum um die Gepaarten strittig
Zuneigung vom Eingeschlossensein tobt durch beider Hände Nässe

Sehnsucht nach Stolpernden die nicht schluchzen den Gärtner
an Kreuzungen duzen seiner Mütze im Wind lange zurückwinken

ohne unbefugtes Tun in schattigen Verstecken Ansaugung
von kleinem Scherz auf Abwegen begrüßt Stehen bleiben als sei

heute das Fest anlässlich des Vergehens der Minuten im Unbewussten
ausgelobt dann anverlobt sich zu verlieren Blutspenderin werden.

Jetzt ist viel aber nicht alles um zögernder Schritte willen
Kraushaar   wenig erinnert an gelegte Locken Zweifelnder

vom Irrgarten herein mit der Sonne Gang   in das Gesicht
des Planspiels   es studieren wie Lithographien vom Stein
des nie ganz zu verstehenden Quadrats ohne Ecken

weiß doch die Klitoris vom Brauchtum Umgetriebener reichlich
aufwieglerisches Oval mahnt an begrenzte Bewohnbarkeit

in der Zweischneidigkeit des Wollens und Kommens
der Weg werden   sich selbst kaum bekanntes Geschehen
im Zentrum der Irreführung verrät sich kein Rest Wollknäuel.

Mehrteiliges Federwerk im Hünerhof   sie gluckst er gockelt
Nomadenzeit   sie stellen keine Uhr   wandern ohne Zeiger

Offenliegende Lebenslinien weisen über sich selbst hinaus
das Zucken unter veilchenblauen Augen gleicht einer Andacht

kleiner Frühstücksteller   garniert mit Dazugelerntem
eine schmale Hand auf Probe   mit Bitte um erste Mitteilung

morgen schon mit Pieks im Stroh angefreundet   versehentlich
nah am Ziegenbock   er stößt und weiß warum

über ihrer randlos entspiegelten Brille zutraulich
leicht zerkratzt im Widerstand gegen Beweisloses dahinter

Gladiola   mal ohne ihren Turnlehrer   und frei von seiner
in Suggestionen umherschwirrenden Eifersüchtelei

was aus Langeweile einfädeln   Stute in die Rotunde leiten
Besen in der Ecke lassen   Bohnen einweichen   schäumende
Ferienpläne in der Netzauswahl aufsuchen und verwerfen

Oma anbetteln   das häusliche Schiedsgericht irren lassen
und unter allen Täuschungen hastig die Latte höher legen

Wechselgeld von Taxifahrerin nicht annehmen   die Brauen
schmerzhaft heben und vom Scheibenwischer lernen
nicht zu weinen solange es die Sicht nicht günstig klärt.

Von Mädchenhänden die Zeltstangen verbinden lassen
hungrig bis hin zur Beuge in Knäckebrot und Camembert

Aufbäumung in jedweder Schmerzahnung variationsfähig
Zähmung eines großgliedrigen Tigers aus Kinderträumen

Spieler ohne Ball   aus schlauster Position dann Torschuss
vom Wähnen wahnverbunden diese Sucht nach Hinschauen

im Tomograph   eine mit Krebs nicht verwandte Kolonie
verwechselt   ist des Diagnostikers Häubchen himmelblau?

Pflanzenschutz   jetzt werden wir   wie Möhren unter sich
annehmen wie Vieles das orange leuchtet sich nur anpasste
sich beim Verdauen aber als unheilbar giftig erwies.

Die trainierte Gliederpuppe baut auf den gewieften Fadenzieher
auf Därme und Stahl   wenn der Fiedler sich an Bartok herantraut.

Der Mord im Film betreut die Veranlagung seiner Macher
benennt Giftgas so gleichgültig wie das Wort Gastronomie.

Vertuschung ohne Selbstbeschränkungslaune
wem Eiauslagerung gewähren   gespensterhaftes Gespött

um genetische Störungen   Ungezwungenheit der Ghostwriter
Texte um Chef & Sekretärin   Zigarre und Zunge arbeitsteilig

sich über glattgeschliffenen Gewissensbissen zuzwinkern
Gesichte werfen sich wertfrei in Schöße   Maske wirtschaftet

wir Melker erarbeiten Wonne und Wohlstand durch Techniken
tragen schwarz-weiße Beinkleider   Zank unterm Bauch der Kuh

unüberlegt übermütig werden die Spritzereien
bis die Regentränke gähnend hilfreich für uns trocken fällt.

Unter der Vielfalt kaum Gefaltetes
bis zur Ahnung von Ähnlichem
dem Stattfinden anheimstellen und
dem Genießen der Gepäckabfertigung
am Flughafenkarussell nachgeben
wo Leder und Polyester sich scheuern
und streiten   wer stiehlt   wer beschenkt

das Modische bricht sich Bahn
dem Unlauteren ein Schnippchen zu schlagen
gereizt von Lavendel   anfangs schwindlig
in Angriffsmodus   dann übermüdet
bis ins Parkhaus

den Leihwagen schlüssellos besteigen
dem Gas die Fußsohle leihen
das Kleid der Inderin verklemmt
zerreißt am Bremspedal
umschlingt das Silber ihrer Enkel

Schenkwilliges lehnt sich in Habe und Gehabe
erobert behütetes Phlegma
entkleidet den Spinnaker des Seglers am Wind
als leiste es Sättigung allein im Hinhalten.

Neben der Brieftasche der erfolggewohnten Yogalehrerin
findet sich eine Leakipedia für beide Geschlechter
um hier das Geschlachtete
anschaulich verglühen zu sehen

von mehr Überraschendem überprüfbarer Genugtuung
fehlte lange Rückmeldung vom Hirn
ob Tröstliches sich in Beruhigendes auflöse

wenig deutet an wie weit dies hineinrage
in das Fachwissen der Ameisenstraßen
auf Kenntnis Wegweisender eingerichtet.

In der Frühe Leder in seiner schnellsten Parade
Glanz vom Degenfechter Schmiss am Hals ein Schmuck

krumme Klinge unter Druck nach überreizter Geduld
schärfer auf sich selbst erpicht beflügelt von Attacken

zwei sich kreuzende Briefinhalte besagen Widerrufliches
sogar ein Kuss der Postbotin nur auf Probe heilt nicht

Tusche trocknet die Schräge der Buchstaben kentert
beim Nachlesen am Abwasch Seifenfinger glitzern

nach froher Erstbegegnung Daten liegen lassen
warum verführerisches Schielen nach Opas Schrotflinte?

Unter zweitem Schleier facelifting maskiert zum Lunch
gestrammte Hosenträger der Klemme Kupfer Mattglanz.

Einmalig bei der Unzahl
gekennzeichneter Leiber
Nabelschnur frisch verknotet

atmende Verwunderung   Kuss
sanfter Knall
beinahe ein Irrewerden

feucht trotz Funken
Mutter-Kindpupillen sehen Licht im Dunkel
eingefangen ohne etwas zu beleuchten

wichtig   Eutawara`s Ferngespräch
Baby trinkt   nässt   schlummert trunken
schlangenhaft am Armband
ungenaue Sternenzeit und Zufallsname

als ob es Körpern gleichgültig wäre
ob die erste Impfung an der Schulter verletze.

Von der Rasierklinge
haarfein geschabte Abschiede
blutvermischt
das Hemd weißgespült
gartengetrocknet

auf durchhängender Leine
in praller Sonne
Aufschrei der Stare
Flügelputz   Klatsch und brrrr
ein Schwarm gleitet zu Würmern

im Gras der vier
undzwanzig Stunden
sich windender Feuchte
nein   schwört sie *ich will nicht*
ähnlich anderer Mädchen
in Videos schielen
wo ein Kerl vorm Spiegel
Locken föhnt im Angebot
für Mitarbeiter am Schirm

Reportage Autoverleih: 8 Uhr in der Früh online: *Nein* sagt sie,
tätowiert auf weißer Wange, *werde nicht wieder Schwärmerin auf Klick.*
Verpfände weder Putz noch Schrei noch Klatsch, jage im virtuellen Treff
angeschossenes Wild, traue meiner Witterung auf schwacher Spur

Pointer steht.

Nachsuchehund verhofft
seiner Lieferzeit an Treue
gerecht zu werden
    Leine strammt   reißt
    unerwünschter Schnee
    sinkt über die Fährte

während Preußens
Flügeladjutanten blank ziehen
und *Fritz*   ein Schimmel
im Bleihagel bei Leuthen
5.12.1757 strauchelt und jeder
Untertan Sieger wird & Verlierer

Hörner   ein Wort   eine Waffe
gemeinsam Herausragendes
von Ochsenäugigen
in der Spur tierischen Abgleichs
Gesetz und Gebrüll der Felder
Ausflüglern geläufig
als Mulden des ausweichenden
dann doch geknickten Grüns.

Pfauenaugen unsere Tageszeit im Blick   radschlagenden Gefieders
Besuch der Nachbarin   ihre Finger hinterm Rücken am Schürzenknoten.

Halsschmuckperlen   ihre Reibereien   beim Atemschöpfen
Nachbeben   Löffel beim heißen Tiger   in der Teetasse.

Spargel   zwischen weichen Furchen   auf sich selbst gestellt
Ort schwebend sehen   Ort verlieren   in Seifenblasen.

Noch nicht eingeschifft   unter so viel Segeln   heimgesuchter Wind
Stunde der Teilung   die Haut ohne den Glanz   gesalzenen Herings.

Barfüßig still   vielleicht genügt es   Satinfalten nicht zu berühren
näher gewunken   seine Hälfte des Morgens   streitet nicht alles ab.

Außer ihrer selbst wenn Vervielfältigung das Zentrum sucht
Luft knapp wird wie im Strohhalm zwischen halboffenen Lippen

Sog aus bleichen Rändern lässt allein   frech abgespulter Faden
aus dem Mythos straff und wieder weich für den gewählten Rückzug

als Heimweg ohne Heim   die Spur der Veränderten zu sich selbst
gewinnt an Wesenheit   der Reiz der Belohnung greifbar

in Hecken Bienensummen   Bienenschweigen   ihr Flugziel meint
mit jeder Wendung süßen Ernst für lange aufgeschobene Späße

das Knirschen gesammelter Muscheln untereinander   ihre tastbaren
Kalkwarzen   nah am Ohr raunt Perlmutt von eingeborenem Wisssen

von Teilhabe am Willen Zweier beim Lutschen an Austerschalen
wir skizzieren einen Grundriß unserer Befindlichkeit als Ovalbau

und ihr *nein bitte heute noch nicht*   reizvoll wie ein Pastell
mit dem Mut zum Willen nach einem Zurück in Neptuns

überrollende Welle aus Seetang   Krebsen   Zangen und Zungen
Hingabe für ein Gruppenbild der in sich selbst Verschossenen.

Abschiedslos verunsichert wir sprechen leise von Saturn

Verabredung war schon im Weichen früher Seetiere Schwebendes
weit gereist von Mitleid ungestört ein Beispiel greifgeübter Arme

bevor es dunkelt zerknirschtes Wiederfinden unserer Kosenamen
unzugänglicher Teich sucht Zufluss Freischwimmen weit

um den Kiel der Gerüchte dem Entferntesten voraus Bissmuster
Priele melden Flutdurst unter Neumond wir sind in Eile

im Zelt der Haare zuverlässig Scheitelung ihre Brauchbarkeit
wandlungsfähig wie Erhellendes vom Strom bei Tidenhub

Autozündung schweigt wir besprechen was sei zu tun ein Teil
scheint verloren neue Mutter muss auf die Schraube passen

Leihmuttersuche bei der Nachbarin schlägt fehl sie hat offenbar
Linksgewinde das Projekt meint der Fachkollege fällt ins Wasser.

Einflusslos
angestrengt im Verglühen
unter Rauch zu Lungenkrebs
sogar die Federung im Sportschuh
unaufmerksam jung

nicht einmal Angezetteltes
überlässt sich
einer anschließenden Zeile
sie will nicht lernen
warum sie bleiben dürfe

entlang des Abschieds
personenlos
an einem Halsband
die eingerostete Nummer
mit Adresse ihrer Hündin

als könne man sich nähern
in feinster Buchstabierbarkeit
zu Zwischenzeitlichem am iPhone
wo Grünendes den Wechsel
dieser Farbigkeit in Folge auferlegt.

Laune am Mittelfinger Buddhas aufgerichtet
vielleicht Einstieg auf Anrechte in der Heilsindustrie

studiert am Dope auf sonnigem Balkon und jung
zum Yoga eilend beim Hopplabeispiel der Kaninchen

Sommersprossenhaut bestirnt strumpflose Beine
die Diss eingereicht   linear wie früher Hosenfalten

Einstiegschule
        Faltenkitzel
        Fingerhut am Ausstieg jünger.

Oval im Rechteck
es vertreibt sich seine Zeit

mischt einen Lerchenruf im Labyrinth
mit andernortes Forschenden
widerspricht vier Mal mit *Nein hier nicht*
wenn Gegenlicht das Selfie trübt

sagt Ja

zur Form des Eis noch vor dem Sprung
weil Uneinschätzbarkeit bestätigt
dass durch des Tages Blendung
die Nacht als Freundin sich erweist

Unpünktlichkeit aber nicht entschuldigt.

So weniges im Flug libellenblau
hättest nicht du das gesagt
man glaubte es nur
wüsste es aber nicht

Heimgesuchte von Windstößen
nur eine Buchseite verbättert
im Handumdrehen

am Wiesenrand
Lauerndes neben den Behuften
des therapeutisch tätigen Tierhalters

er hackt ins Milch-Computerbild
am Schirm gehörnter Gäste
schwingende Eutergedächtnisse

& Kaufanregung für selbstgesteuerte
Jauche abfahrende Trecker.

Entspannt entlehnt vielleicht kaum eine Wahl sich zu behaupten
Philomena unterscheidet Gold im Flussbett Gold am Lederfußband

Unser Boot verspiegelt vor aufgerissenem Fischmaul Spinner
jetzt klagen Rückenwirbel deutlich abgeschliffen in uns Rudernden

zwischen Wellen Oktopustusche darin Versuch sich zu verbergen
hinter einer Tauchermaske heißerAtem trübt die Scheibe

Halbschatten heimlich erschlichen Dämmerlicht im Ohrenrosa
einer ruft mit Schwesters Stimme Schlangen zurück in die Erde

mit dem Scanner am Fenster Mottenwirbel wer von uns ist innen
nachdenklich mit Schwubs nach links die Warze streift Gardine

Süden zweier Schneisen eine zieht durch Wuschelhaar
Mondsichel verblasst vornüber gelehnt am Ziehbrunnen

Francis Bacons Farbflecke sein linkes Knie am rechten Ohr
mit Bohrloch gespenstige Neigung des Bilderhakens

im Umgang mit sich selbst verdunkelt Reste der Verzeichnung
ein Stuhl gibt Milch an Durstige gerichtet eine Verführung

endlich geben die Teile auf nur Teil zu sein vom Ganzen
Reiseplan vieles zurückgestellt für den Kauf von Nagelschuhen.

Erwähnte die Einführung zur Fabel ein Gerät
des Tierarztes   war Duldung Tatsache   wurde Sache Tat?

Liebe scheint Schleuse   Deutbares ein Scheitelpunkt
noch Rätselnder im unnotierten Schauspiel   das Kostüm

des neubenannten Akteurs verkörpert Einstieg in die Rolle
der Bademeisterin   Reflektion von halber Nacktheit öffnet

Spalt für später ertastbare Objekte   mal eingestreut   scheinbar
sinnverloren wie die Hasenscharte ein Relikt von Vorbenanntem

Bemühung um Verschleierung spricht nicht vom Scheitern
Nachbarliches ist ein Ereignis wie die fetten Falten unter shorts

oder die bissige Pilzkrankheit zwischen zu jung beringten Zehen
Rosalinde schweigt sich aus   Violett will schwellen   Lauschendes

beschenkt das Erröten Reifender   horcht abwärts in den Tiefschlaf
hört jeden Trittes weiche Schwankung   folgt ihrem Sandabdruck

mit überschlagenen Beinen   verklebt im Sitz   lichtgeblendet
zwinkert die Seherin zwischen Höckern ihres trompetenden Kamels.

Wie lassen sich die Dinge um dich bitten   nach dir fragen?
Wer hat vom Schmuck die Vorstellung er gehöre zur Falte
zu den ältesten Faltungen unseres Informationssystems?

Wer ist nach Genuss von Trockenbrot lieb gewonnen   wann
fühlt gemeinsames Nehmen schon Aufforderung zum Geben
wie die Öffnung einer Cyber-Falltür unerkannt verbreitern?

Was radiert sie aus   die Kommastelle nach Gewichtssprung
auf der Waage   wer kennt mehr Gier   wir oder das Schwein
unseres Bratens?

Wer wird auf die Palme steigen   wenn Datteln zum Greifen nah
am Boden liegen? Wer fühlt den Eber neu   betastet Hauer
beim Verblasen   spührt im Schoß der Streicher warmes Drängen?

Synapsen kreischen   Einschmelzglut von Autoschrott führt nicht
zur Verknappung von Magnetismus   in Breughels Höllenspuk
kreißen Säugetiere   im Reich geschundener Räume Ausgeburten.

Unauffällig taubenblau im Monat des Fallobstes
Maden pfündig in schleimiger Pflaumenhaut.

Bau eine Brücke aus Fingern sagt sie beim Tischgespräch
wenn der Kern sich meldet wählt uns Oval und Bogenform.

In den Ypsilons der Spinnennetze Fliegen sie behalten es
für sich wie wenig ein Zaunloch an Tuschelnde erinnert.

Verweigerung vorgegeben jung schon schön wird brüchig
im Orange zu früh Nacktbadender versagt die Sonnenuhr.

Tauftag da ist der Dampf vom Bügeleisen in der Küche
vermischt mit Duft vom Zander in Marsalasoße.

Werden sich Kinder im Pool erinnern dass Fußknochen Gräten waren
ihr Fleisch vom Schwimmen müde dann aufgeschreckt und blass
mit Speichel von Francois Villon oder Gertrude Stein für ein Gedicht?

Liegt Eis an durchsichtig wie die Braut von Burg Eisenhardt
die Backen weiße Aufenthalte mit Glöckchen an den Pferdeschlitten.

Nacht sagt Lichtpunkte im Dunkel voraus setzt Monde krumm wie Dolche
Doppelklingen bewähren sich als Wiegemesser für Dickes aus dem Gartenbeet.

Nennen wir es Freitagsgebet alter Kalender Tanz der Woche im Schwingen
das Ansaugen der angebrochenen kostbaren arabischen Stunde.

Schilf steh still gib lauwarm treibenden Wassern dem ausgesetzten Kind.

Vereinzelt in Fron
Hinweis auf die Vorausahnung
tierischer Fernwärme
zwischen Aal und Kaulquappe
die Wahrnehmung

einer Mischung neuer Verspannung
Veruntreuung von verheimlichtem
Geburtstagsgeschenk an eine Paukistin
                        pastos als Pastell
bald im Banksafe   als straffreier Dreh
            Sammlern verfügbar

gleich ihrer und seiner
antrainierten Tendenz
zu Tüll und zur Blässe gebleichter
sich schlapp anfühlender Laken
& Silberschmuck alternder Münzen

Beichte Verbleibender
        im Beiboot
        ein Beinahezusammenstoß
        viel zu glitschiger Pizza
zwischen verhedderten Marionettenpuppen
ruckfreies Klagen   die Beerensaftkur endet
            in stacheligen Mündern.

Ausreißer
bislang eine Abwehr
gegen lange Geduldetes
vielleicht Barfußgehender bei Laune
zu auffällig stummem Raben

hier im Unkraut
das entrüstet Herr wird
fast erschrocken Frau ist
weggeworfene Briefe feucht hält
in der Schrift der Halme

im römischen Tempelzerfall
zwischen Säulen aufgesogene
träge Katzenaufenthalte
zu Besuch Umherirrende
mit Küssen an und von Unbekannt.

Vermöge einer Schneide Erhärtetes trennen
vermöge weiterer Gefallen den Nahenden vertraut

Angebot des Kleinen Schwarzen in der Schauspielloge
vom Nadelöhr die Enge nur geahnt   ihre beste Rolle das Gespenst.

Vermöge winziger Tiere größere überwinden
angesichts bemalter Fingernägel die Frage nach dem Irremachen

Abgemagerte bangen es könne in der zweiten Lebenshälfte
erschlichener Reiz schmerzhafte Einbußen erzeugen.

Heute besser gestützt als gestern   angelehnt mit Bauch am Herd
Kleidung riecht spinatgrün   Eier eingebacken auf der Lauer.

Künstler reizt sein Publikum in Hamburgs Käsemuseum
gibt lockender Stinke weitere Verwesung unter Plastik.

Sie kommen die Hochzeit lebender Leichen zu rhythmisieren
Harfinistin schwanger   zukunftsbewusst im Trio mit zwei Oboen.

Probe   die Freundin eines Kindermörders ist ihre Schwester
am Bildschirm die Warnung für Hagelschauer.

Das Anmutende am Zahnfleisch im Hundefoto des Nachbarn
beim Lecken   leckte er nicht   wir sähen Versäumnisse.

Dampfende Hafenbarkasse   der alles ahnende Lotse ein Fischer
wählerisch   an Himmelfahrt vorsorglich Gefrierfisch aufgetaut.

Jungfernfahrt der Wallungen   Ringfinger am Besteck verletzt
zwischen Auferlegen und Auferstehen Atemluft gespeichert.

Vom Angedrohten das Treibende dem Wetterhahn anheimgestellt
sogar vom Sturm in Hennen unter Gockeln noch nicht abgebrüht?

Vermittelnd ernst mit schwingender Hüfte an der Drehscheibe
ganz dem zentrierten Zufall liebevoll anheimgestellt

Kopfzerbrechen beim unvermutetem Fallenlasen einer noch nicht
gebrannten Töpferarbeit

die Tonware war von niemandem auf anhaltend gutmütige Abnutzung
vorbereitet   war ohne Zielbewusstsein   ohne Geständnisse und zerbrach.

Eine sich angesaugt fühlende Freundin, die im Gelände flanierte, hielt inne,
verschluckte sich, filmte die sich windenden Ecken zwischen hoher Hecke,
fand den gemeinsamen Weg zum Gequake der Frösche in der Tümpelmitte
dieses Labyrinths.

Wie früher rasch Abgestreiftes darauf drängte wiedergefunden zu werden
das sahen sie ein. Bei der Annäherung einer Person die sich verlaufen glaubte,
hatten sie die Einnahme von Flüssigem ganz vergessen. Gemeinsamer Schlaf
im Anschluss vermochte beispielhaft Erinnerungen einzuschmelzen.

Schreiben in der Gangart des Pferdes   seine Spur auf Glatteis
Aufriss vom Zuhause   eigenen Körpers Abbild   in der Flügeltür

jäh aufgelöst   im Herbstgarten   als bräche Obst unter Nagellack
übereilte Reise   davonrollendes Gepäck   unter kreisenden Zeigern

auf der Flucht   seit siebzehn Jahren   Scheu säumt ihr Gesicht
senkrecht in den See   Regen zerstückelt   das Spiegelbild

an neuer Bleibe vorbei   mit Monatskarte   Störenfried werden
Volley-Matchball   in den leeren Raum hinein   das Glück

gib Schnabel der Schmuserin   gib etwas mehr   gib außerdem
an junge   an allen Gliedern   sorglos für morgen gedehnt

Durst verbreiten   wie Rosé in Dünen   mit der Zunge lachen
hanebüchen wie solche Zeitzünder ihren Zweck nicht bekennen.

Abgeplatztes und feiner Staub fällt aus der Legende
um den Tintenklecks kümmert sich der Pinsel des Schülers

er erweitert ihn zum Meer mit Strand der Salzgebadeten
Flossen bekennen sich zum Vortrieb Rudernder   vielleicht

unter Verhätschelung einer Strömung   so als sei sie unser
traut sie sanft auf Ihresgleichen   Ruck glaubt an Werkzeug

getraut sich Einlassung mit vielgeschlechtlichem Gebrauchswert
leiht Gardinenringen Halt   kratzt am Gleitrohr   über das eine

oder das andere Mal Notwendige huscht eine Mahnung   weist
auf die sechsstellige Nummer des Zimmerschlüsselchips

wünscht am Schwarz des Zehennagellacks lutschend Flucht
in fremde Beine vorzutäuschen   *Ja*, sagt sie   *ich bin allein*

mit Pythagoras   mit den labyrinthartigen Faltungen seiner Stirn
zum Satz über die Schenkel im rechtwinkligen Dreieck.

Vielteilig
abseits bei der Hand
in lockerem Einvernehmen
mit grobem Salz und bei den Viren
vermischt sich Gegurgeltes vom Meer
am Tiefseerig

Wir unterstellen dem Nachtbad
blind Weiterweisendes

die Vollmondsichel angebissen
bei Tauschgeschäft mit Venus

fliegend ist es für Seeadler unnötig
die weiße Weste zu zeigen

Angebot bei den Lücken
verzogener Erdbeerableger
studiert unsere Nachbarin
Daten erster Errötung
umlauert die Zahl ihres Radschlosses
bei ertastbarem Seitensprung.

Sie wie eh und je mehräugig
mit der Pille aus Erster Hilfe
noch ohne Narben vom Alleinsein
Dingsein benennen als Bevorzugtes
in gepolsterter Theaterloge
Halbdunkel und eingängig Kriminelles

meldet ihr Schuh mit gelbem Senkel
er sei ihr Tragbares für die Nachbarin
sprich Mitbieterin
vom Blitz getroffenen Geschmacks
ohne Bewuchs am Wadenbein

von Tür zu Tor
Angelehntes   Ruf aus den Büschen
am gezackten Grün der Brennnesseln
Geduld mit zweierlei Griffigkeit
von missverständlichem Gerufensein
aus Kreisrundung
spitzen Winkeln Taschentüchern.

Es wird arg
mit den Motorradfahrern
sie halten wenig Abstand
wie Samen in Tropfen

aus Nachbars Motelzimmer
knallt eine Ohrfeige

richtig
ein Reisender feilt
am ersten Stoß
wider die eigene dann gegen
unerwartete Geschwisterlichkeit

Gutenberg seinerseits
verstieß gegen das Gespräch
die Druckmaschine schnitt
dem Erlebten
das Wort ab

das Wort abschneiden
keine Schere in meiner Hose
eine in ihrer.

Nichts weiter als vom Ansatz her
die Weite des Ausschlaggebenden

innerhalb der griechischen Tragödie
jetzt Orakellaune für Touristen

plus Modisches vom Zusammenkauf von Plunder
Löchriges ein Magnet wie gezielte Rohkost

und nur 14 Silben zwischen Zähnen
die in Anrufung des Dingfesten mit sich selber kauen

hier zürnt die Haarspange beim Verklammern
und Lust auf Yoga-Typen im Gym-Pool steigt

angezogen   ausgezogen für Putzwand-Klechserei

im Kaffee
der Eiskrem-Dom Gläubiger
gespalten von Oblaten.

Kreisform in Butter und Fettblasen neuer Pfannekuchen
auf Ansichtspostkarte im Farbdruck überlagert die Begierde

und Austausch hinter Stirnrunzeln Gleichgeschlechtlicher
wie bei knieenden Rivalen   unter verhakten Geweihen

Pantomina bietet aus dem Gassenfenster ihre neue Kleidung
häppchenweise gekauft ist sie Teil des Ganzen wichtiger Hinweis

auf ein eng Verwandtes hier Umwandelbares genannt gibt als Erbteil acht
es weiß vom Tierfell vom Gespanntsein über Körpern wach oder im Schlaf

Nähzeugstille Fingerhut und Stopfei klappern nicht Schere gespreizt
verklemmt in beige mohair zwischen Albernheiten Puppenmacherinnen.

In ihrer Schürze die Süße saugender Kuchen   eine Essgestalt
genaue Örtlichkeit der Siebensachen   am Plättbrett   griffgünstig

der Spaß am Näherrückenden trägt eine weiße Nelke im Zopf
die Würfel waren noch nicht gefallen   sagen wir   im Arbeitsgriff

im Eileiter ist der rote Teppich ausgelegt   nur mal zur Probe
jetzt oder später   lautloses Zuwarten   unverbindlicher Zeitbegriff

vom geschnitzten Holzapfel in Jesu Händchen bei Riemenschneider
mal abbeißen   Zeugen schämen sich   ein Anstandsbegriff

Test um die Ängste des Präsidenten   die Lippen zusehends Schlitze
Gefahr beigelegt   am Schirm undeutbar   Bilder ohne Begriff

Plan B   beinahe Mysterium   im Drohnenbauch ohne Kapitän
der Comiker formt rachesuchende Figuren   nicht als Übergriff

Beckett schweigt   seine Haut beredt gefurcht   ein Endspiel
Libero foult am Schiedsrichter vorbei   erst im Netz ein Zugriff

der Riss durch die Mode-Jury   ihre teilnehmende Eifersucht
Mond-Ausschnitt   als ab-und zunehmender Kunstbegriff.

Viel vom neuen Gast ist nur Verheimlichtes in Schminke
für Glattes Glatteres und ein Ruch von Anhänglichkeit zu Seide

im Haar Jasmin   der Duft ein Angekommensein
die Schweigsamkeit   in Zapfen unter Bäumen   Schauer ihrer Samen.

Einmaleinse hinter selfies   Cellvieh zu früh Ermächtigter an Hürden
übereilig eingerissener Haut   Schuldenschmerzen im Genick.

Hart und dann begehrlich länger   Schaum in Dunkelmasse einer wachen
Weiblichkeit auf Cruisern   Freischwimmen vom Fleisch der Bettelnden.

Lied vom Schnabel Schrei des Leu
nichts verheddert sich in ihresgleichen   täglich in Pflege genommen

sei die Umgebung und nicht quietscharm   so belassen es Sandrine
und Imagista   streifen letztes Leichtes doch noch ab   Aribelti & Palmea

bleiben nah am Tier   Fametta & Ghismunda sprechen leiser nach einer
Schneeballschlacht   Cassandrea & Agnorella trauern süchtig im Theater

aufdringlich an sie gerichtete Fragen behandeln sie als Wegweiser
zu Einbahnstraßen   im Schlaf erfahren sie   ist keine Umkehr

ist ohne Blamage Liebe als Spuk verkleidet   die Küchenkompassnadel
schwingt mit Fehlweisung zwischen Gemolkenem   Garlic und zurück

zu Ausgegorenem   ohne Absicht bleibt der Sog hin zu Säuerlichem
oder die kaum wegzusteckende Lust auf ein seltenes Zweidotterei.

Wie weit schürt Vorrat am Gemeinsamen Verlegenheit?
Vertrödeltes übt Rolle rückwärts   Abwarten zerrt an sich sich selbst

vom Längengrad zum Breitensport verschanzte Höflichkeit
Dünnbleiben veralbert   im Handumdrehen mollig wird Modell

Zeigefinger immer unlustiger   krumm am Berg in Larnaka
die Klöpplerinnen   nah am erhofften Stelldichein   mit Gast

Mittags im Kirchenschatten brechen Ziegen ins Knie   ihr Durst
über Eutern   wir essen vom gereiften Käse aus Matratzenspalten

Cyprus   Aphrodite wallte hier an Land   gegen zu langes Bleiben
Aufbruch aus studierter Langsamkeit   noch mal   niemals zuletzt

ererbte Last   im Niederbeugen   Hüfte vertrödelt keine Zeit.

Ein Leben lang verlaufen Lob war Einkaufsgehabe
Angebot zwischen Barstühlen locker Kunde sabbert

Barthaar lacht sich eins mit insidern Mittätige
Quieksen Nylons rutschen um Verabredetes Boccia

mit der Kugel uneins wer den Stock mit Hand verlängert
träumt stochert im Ohr als schmelze Schmalz

als Spaß am Verhören Ortung des Unglaubhaften
bei Hammer Amboss Steigbügel und Schneckengang

in Bogengängen bis zum Aberglauben nach der Beichte
Qualle und Saugnäpfe in ihr Meer verliebt arbeiten lassen

Dope zeigt Wirkung Abflugtermin einmütig verpasst
Vogellust Geflatter Zwitschern Samenpick.

Noch nicht Süße
in der Bienen Waben
unausgeschlafen Mädchenhaftes
als Brummton hörbar
die Atmung nie darum beraubt

warteschеu
etwas sprachlich noch Unverkörpertes
im Biegen das Gebogene aufgeschreckt
auf lebenslange Trennung vorbereitet
ein Weichbleiben im Rahmen
zwischen der Göttin der Ganzglastür

sie droht vermittelnd an es sei die Klinke
nach einem Niederdrücken hochgeschnellt
dic das Wort *offen* zu lesen wünsche
und vom zuvor Vertanen so viel behielt
dass eine Handvoll zur Neuvergabe bleibt.

Nicht nachgiebig gegen ein Lexikon das aus unseren Gesprächen
einzelne Worte durch Rechtschreibung einengt

Zutraulichkeit will Verwörtlichung allein handhaben und bestreitet nicht
es könne gewollt sein dass Flamingos deine Namenwahl tanzen wie du selbst

Frage ob sich hier Eigenes als sein Selbst benennt oder lernen darf Kostbares
anzunehmen als von anderen Tieren Gedachtes und sei es nur zum Schein

Puppe ahnt ihr Altern und scheint nicht betroffen Unerwartetes
ohne Erstaunen der eigenen Kindheit anzugliedern

Material nimmt sich zurück um Wirkung einzuordnen und Folgen abzuwarten
wächst darüber hinaus wie vernutzte Schärfe eines Küchenmessers

es tagt im Auge der Schwangerschaften Schulstunde die Lehrerin fahndet
nach Erklärungen für *Plural* belässt Überlegbares unverklemmt seinem Gewicht

Kreide auf schwarzer Tafel zieht die Wurzel aus 23 Zeichen des Alphabets
im Labyrinth des Spiels verrutscht der Ball im regennassen Gras zum Tor.

BIOGRAFIE

Werner Reichhold, geboren in Berlin, 1925. Studien in Berlin, Hamburg and Paris. 1960-61, Dozentur für Zeichnen an der Kunst und Gewerbeschule Hannover.

Seit 1981 lebt und arbeitet Werner Reichhold, zusammen mit der Dichterin und Künstlerin Jane Reichhold, in Kalifornien, U.S.A.

Werner Reichhold's Arbeiten basieren vorwiegend auf dem Prizip der Installation. Das gilt sowohl für seine Zeichnungen, Collagen und Fotographien als auch für die meisten dreidimensionalen Arbeiten.

Auch nach1982, zu Beginn seiner schriftstellerischen Arbeit, erschienen Text und Bild unter ähnlichen Konzepten. Schon im letzten Buch, *Sechzig Deutsche Gaselen*, zeigten sich labyrinthartige Zusammenhänge. Hier, im vorliegenden Buch, betitelt *Labyrinthe,* wird erstmalig der Versuch unternommen, einer großen Zahl von Genres Zusammenspiel anzubieten. Hier finden sich Merkmale von Vers, free-verse, Gasele (Parallelismus), Prosa, Märchen plus Vers, sowie Charakteristika von Drama und Komödie. Textarchitekturen und ihre Inhalte wurden neu verfügbar, um unerprobte Beziehungen auszuloten.

1961   Lichtwarck-Stipendium der Stadt Hamburg
1961   Rom-Preis Villa Massimo, Italia
1965   Edwin Scharff-Preis

The Emperor Akihito and the Empress Michiko invited Jane and Werner Reichhold to the New Year's Poetry Reading (Utakai Hajimi) at the Imperial Court on January 14th, 1998.

BIBLIOGRAFIE

Handshake – installations and poems
1989, AHA Books, 100 pages, 7 x 9". The book contains: 51 installations and drawings related to haiku. (Winner of the 1990 Haiku Society of America Merit Book Award)

Tidalwave
1989, AHA Books, 172 pages, 8.5 x11``, 95 haiku, 25 installations, 16 drawings, 10 collages, 6 photographs

Bridge of Voices
1990, AHA Books, 142 pages, 8.5 x 11". Haiku sequences, tanka and renga (partly translated into French, German, Italian, Hebrew and Arabic). 29 collages, installations and drawings

Sensescapes
1991, AHA Books, 11 x17". The book contains haiku, tanka, free-verse poetry and dialogues building a multi-media show together with collages, installations and photo-collages

Layers of Content
1993, AHA Books, 5.5x8.5". The book contains fifty-two haiku sequences with an introduction by Kevin Bailey, Editor of *Haiku Quarterly*, England

2009, *SYMBIOTIC ART*, Band 1, 8,5x11``, AHA Books. 70 farbige collage, plus Kommentar und Einführung in Deutsch

2010, *SYMBIOTIC ART*, Band 2, 8,5 x11``, AHA Books, 70 farbige Collagen, plus Kommentar und Einführung in Deutsch

SYMBIOTIC POETRY, by Jane and Werner Reichhold, containing works written in seven different genres plus graphics and photographs

Oracle, AHA Books, 1993, with Jane Reichhold, a collaboration with tanka and renga, illustrated

A Film of Words, with Jane Reichhold
2008, AHA Books, 7,5 x 9.5". Symbiotic Multi-genre Poetry and graphics

Wind Five Folded, a tanka anthology, 1992, AHA Books

In The Presence, by Jane Reichhold and Werner Reichhold,
1998, AHA Books, 5.5 x 8.5". The book contains, besides works by Janet Reichhold, 18 tanka sequences by Werner Reichhold dedicated to the Imperial Family of Japan - Emperor Akihito and Empress Michiko, Crown Prince Naruhito and Princess Masako, in celebration of our invitation to the New Year's Poetry Reading at the Imperial Court on January 14th, 1998.

On the Internet by Werner Reichhold:
http://www.ahapoetry.com

Electronic Publishing by AHA Online Books
CYBERTRY I, 1995
1995. The collection contains 15 poems, including haiku, tanka sequences and ghazals

CYBERTRY II, 1996. The collection contains: prose and haiku, prose and tanka, sijo sequence and prose, free-verse, dialogue, tanka and haiku, ghazal, haiku and tanka.

Six *Portraits*. Two Plays. *Symbiotic work*: alternately written prose, haiku and tanka together with Jane Reichhold

CYBERTRY III, 1998. Twelve free-verse poems

CYBERTRY IV, 1998, *Notationen*. Poems in German.

Wikipedia, Werner Reichhold: Bio, Texte, Visual art.

Participation in Anthologies

Copy Art, Montréal, Canada, 1986, Kurator und Herausgeber Georg Mühleck

Copygraphy, Goethe-Haus, New York, U.S.A.1988, Herausgeber G. Mühleck

Narrow Road To Renga, AHA Books 1989

Round Renga Round, AHA Books, 1990

The San Francisco Haiku Anthology, 1992, Smythe-Waithe Press

duizend kolibries, 1993. Editor: Bart Mesotten, Leopold & Zonen, The Netherlands

One Breath, Haiku Society of America. Members' Anthology, 1993

The Haiku Moment, Editor Bruce Ross, Charles E. Tuttle, 1993

Dreams Wander, 1994. Haiku Society of America. Members' Anthology, 1994

Jahrbuch der Deutschen Haiku-Gesellschaft, 1995

The acorn book of contemporary haiku, acorn book company, England, 2000

Haiku hier und heute, Deutscher Taschenbuch Verlag, *Germany, 2012*

Werner Reichhold's poems appeared in the following magazines: Mirrors, Lynx, Modern Haiku, Frogpond, Raw NerVZ, Luna Bisonte Prods, The American Tanka, (all USA), The Tanka Journal (Japan), Haiku International, 1990, 1992, (Japan), The Haiku Quarterly (England), Vierteljahreszeitschrift der deutschen Haiku-Gesellschaft, (Germany), Albatross (Romania), Sparrow, (Croatia.)

1993 - 2014, Jane and Werner Reichhold were co-editors of *LYNX, an International Journal for Linking Poets*, published on the web since 2000, AHA Books.

Ausstellungen

One man exhibits:

1955 Galerie von der Höh, Hamburg, Germany, *Kleinplastik und Zeichnung*
1960 Galerie Brusberg, *steel sculptures and drawings*, Hannover, G.
1966 Galerie Brusberg, *steel sculptures and drawings*, Hannover, G.
1978 Kunstverein Oldenburg, G., *steel sculptures and drawings*
1978 Galerie Springhornhof, Neuenkirchen, Eiseninstallationen und Zeichnungen
1979 Galerie Levy, Hamburg, *steel installation*
1979 Kunsthaus Hamburg, G., Museumsinsel: *Objektlandschaft, 15m : 25 m*
1980 Am Bahnhof Dammtor, Hamburg, G., "Krakencatcher", *steel installation*
1980 Stätische Sammlungen Duisburg-Rheinhausen, *Stahlobjekte und Großfotos*
1980 Hamburger Kunsthalle, G., *Stahlobjekte und Großfotos* "Landzeichen"
1980 Kunsthalle Wilhelmshaven, *Stahlobjekte (im Innen-und-Aussenraum) und Großfotos*
1982 Landesbildstelle Hamburg, G., *Fotoinstallationen*
1982 Gnadenkirche Hamburg, *Multimedia Installation im Altarraum*
1983 Mendocino Art Center, CA, U.S.A., *Paper Installation*
      Bananabelt Gallery, CA, U.S.A., *Paper Installation*
      North Light Gallary, CA, U.S.A., *drawings*
1985 Kunstverein Pforzheim, G., Installation: *"Brennt der Raum?"*
1985 Galerie Brötzinger Art, Pforzheim, G., *Papierinstallation und Zeichnungen*

Group Exhibits

1957	Hamburger Kunsthalle, Germany, *Sculptur und Zeichnungen*
1958	-1983, Deutscher Künstlerbund, G., (Jahresausstellungen)
1960	Deutsche Kunst nach 1945, Kurator Alfred Hentzen: Rio de Janeiro, Sao Paulo, San Santiago de Chile, Montevideo
1962	Deutsche Plastik: Malmo, Stockholm, Goteborg, Vasteras, Norrkoping, Helsingborg
1962	Kunstverein Hannover, Frühjahrs-und Herbstausstellung
1963	Museum Dortmund, G., *Creatures*
1963	Villa Massimo, Roma, Italia, *Rompreisträger*
1963	Wolfsburg, G. *Junge Stadt sieht junge Kunst*
1963	Museum Mathildenhöhe, Darmstadt, *Zeichnungen*
1964	Salon Comparaison, Paris, France, Steel Sculptures
1964	Augsburg, G., *Deutsche Bildhauer*
1964	Kunstverein Hannover, G., Frühjahrs-und Herbstausstellung
1966	Berlin, Akademie der Künste, *Junge Generation*
1966	Milano, Italia, *Foundation Pagani*, Sculpturen
1966	Paris, France, Musée Rodin : *Third International Exhibit of Contemporary Sculpture*
1966	Erlangen, G. *Skulptur in unserer Zeit*
1967	Paris, France: *Tendences*
1967	Essen, G. Museum Folkwang, *Hamburger Graphiker*
1967	Hannover, G. *Deutsche Zeichner*
1967	Darmstadt, G., 2. *Internationale der Handzeichnung*
1967	Dortmund, G. Museum am Ostwall G., *Wege 1967*
1967	Kunstverein Hannover, G., Frühjahrsaustellung
1972	Kunsthaus, Hamburg, G., *Hamburger Bildhauer*
1973	Sammlung Carl Vogel: *Deutsche Zeichnungen der Gegenwart*: Bielefeld, Hamburg, Osnabrueck, G., Oslo, Norwegen
1974	München, Haus der Kunst: *Zeichnungen*
1976	Helsinki, Finland, *Deutsche Bildhauer*
1977	Neuenkirchen, Galerie Falazik: *Material aus der Landschaft - Kunst in die Landschaft*
1978	Hannover, G. Kunstverein, *Die Kunst und das Tier*
1978	Retrospective der Villa Massimo: Roma, Italia, Baden-Baden, Berlin, Saarbrücken, Kassel

1979 Willebadessen, G.,Europäischer Skulpturenpark, *Eisenplastiken*
1979 Kunstverein Stuttgart, G., *Szenen der Volkskunst*
1979 Tokio, Japan: *Deutsche Metallbildhauer*
1980 Rottweil: *Koffer für Rottweil*
1983 Gualala, California, U.S.A., Drawings
1983 Bad Säckingen, G. *Sammlung Siegenthaler*
1983 Santa Ana, CA, U.S.A. Artcenter: *Drawings and Sculptures*
1984 Dortmund, G.: *Kunst des 20. Jahrhunderts*
1985 Wihelm Hack-Museum: *Sammlung Westermann*
1985 Münster, G.: *Das Tier in Skulptur und Zeichnung*
1986 Montréal, Canada Copy Art, Kurator: Georg Mühleck
1987 Copie-Art, Stuttgart, G. Kurator Georg Mühleck
1988 Goethe-Haus, New York, USA: *Copygraphy,* Kurator: Georg Mühleck
1995 Rastadt, Städtische Galerie Fruchthalle, *Sammlung Westermann*

Participation in 56 international catalogues, published by museums and galleries between 1952 and 1992.

www.ingramcontent.com/pod-product-compliance
Lightning Source LLC
Chambersburg PA
CBHW081635040426
42449CB00014B/3325
9780944676929

عنوان کتاب: فریاد راستین

نویسنده: بهداد فردوس (اسم مستعار)

انتشارات: هنر برتر (سوپریم آرت)، آمریکا

شابک: ۹۷۸-۱۹۴۲۹۱۲۱۲۵

شماره کنترلی کتابخانه کنگره: آمریکا: ۲۰۱۷۹۰۱۰۸۸

Title: Heartfelt Cries (Dedicated to Prince Sereen)
Author: Behdad Ferdous (Alias)
ISBN: 978-1942912125
LCCN (Library of Congress Control Number): 2017901088
Publisher: Supreme Art, Reseda, CALIFORNIA, USA

فهرست

نگاه اشنا

به مهمانی یکی از دوستام دعوت شده بودم همه مشغول جشن و پایکوبی بودند عجب محیط شادی تبدیل شده بود منم گوشه ای روی مبل نشسته بودم و از دیدن اونا لذت میبردم که نگاهی زیبا منو متوجه خودش کرد حس شادی عجیبی بهم دست داد همون نگاهی بود که خیلی وقته منتظر دیدنش بودم از جام پا شدم که با اون شاعرانه رقیصدن رو شروع کنم راستش بقیه رقصشون با هم شاعرانه نبود فقط حرکات شکسته ای از انسان بود که با ایستادن اونا زود از بین میرفت و با بوس به رابطه ای از سکس تبدیل میشد نگاه اون به من چیز دیگری رو میفهماند فهمی از انچه که نباید بنا به غریزه عمل کرد این نوع نگاه هستش که من اموخته که بیهوده نبود ،من بیهوددگی رو انچه به طور ناخوداگاه و غریزی میشه عمل کرد معنا میکنم شایدم به جستجو این نگاه اشنا بوده که در رقص همگانی یا به قول دوستم (کامو)در بازی همگانی تا به حال شرکت نکردم ناگه در باز شد و از میان جمعیت بیرون رفت منم پشت سر اون راه افتادم دیگه صورت و نگاهش رو نمیتونستم به وضوح نگاه کنم بلکه سایه ای از اون روی زمین افتاده بود اما همون سایه اون هم برای ارامش من کافی بود ،همین طور که جلو تر میرفت که همه چیز دیگه برام سایه اش شده بود اما دل من هم به اون سایه خوش بود و باهاش ارام بودم چون میدانستم دیدن سایه هم دلیل به وجود نوره و اگر نوری نبود دیگه همه چی تاریکی میشد من دیدن سایه رو به دیدن نور کامل ترجیح میدم چون پیروان نور کامل همون مطیعان و متعصبان و واعظان و به نظر خودشون به یقین کامل رسیده هستن اینم شاید واسه این باشه که نگاه به خورشید کامل، انسان رو کاملا کور میکنه و نور کامل دیدگان رو در خود حل میکنه که نمیشه با اون چشم ها دیگه سایه ها رو دید و

اینجاست که تعصب پیدا میشه متعصبان پر مدعا و امده از طرف خورشید با ساکنان سایه ها فرقشون اینه که زود رسیدن به خورشید و به اندک قانع شدن اونا رو خیلی وقته کور کرده نه چشماشونو بلکه گوش ها و دلاشونو و ما پیروان سایه ها هنوز با نور درونیمون به دنبال اون نگاه اشنا میگردیم چون هیچ وقت خودمون رو نور کامل ندانستیم و گمشده ما همون سایه ای از خودمونه اری ما پیرویی از سایه خویش بودیم که به اون نرسیدیم که انسان هم هرگز به سایه اش نمیرسد و گرنه پیروان خویشتن خویش رسیدگان راهی بی دردسر هستند

همه چیز در زندگی برایم عادی و جالب بود صبح ها با انرژی کامل از خواب بیدار میشدم و صبحانه ام را میخوردم و به سر کارم میرفتم تا اینکه یک روز صبح که از خواب بیدار شدم و مشغول صبحانه خوردن بودم درب را زدند درب را باز کردم و چند نفر که خود را پلیس معرفی نمودند مرا دستگیر کرده و سوار ماشین کردند و به بازداشتگاهی خارج از شهر بردند ساعت ها مرا در آن بازداشتگاه نمناک و سرد قرار دادند من با خود میگفتم مگر چه کار کرده ام اینان چرا مرا دستگیر کرده اند باز داشت آنان چند روزی طول کشید تا بالاخره مردی سیاه پوش درب بازداشتگاه رو باز کرد و گفت امروز روز دادگاه تو هست من هم دستی به سر خویش کشیدم و خوشحال شدم که بالاخره میدانم که چرا اینان مرا دستگیر کرده اند.دستانم را بستند و مرا با ماشینی که شیشه های آن دودی شده بود به دادگاه بردند وارد دادگاه شدم قاضی گفت توضیحات خودت را بنویس و از خود دفاع کن گفتم جرمم چیست چرا و چه دفاعی از خودم کنم؟و از این گذشته کار دفاع از من کار خودم نیست این کار کار وکیل است قاضی گفت مگر با تو نبودم اعتراف کن تا جرمت سبکتر شود گفتم شما من را دستگیر کرده اید پس حتما جرمم را میدانید قاضی گفت حوصله ام را سربردی وقت دادگاه را نگیر اعتراف میکنی یا بفرستم شکنجه ات بدهند من گفتم قاضی کدامین اعتراف کدامین جرم قاضی گفت گویا این خود را به نفهمی میزند ببرید و شکنجه اش کنید هنوز جمله اش تمام نشده بود که یکی از ماموران یک سیلی به صورتم زد و دستانم را بستند و مرا به اتاق شکنجه ای که در زیرزمین همان دادگاه بود بردند بدون اینکه سوالی واضح از من بپرسند مرا میزدند و فقط میگفتند اعتراف کن به نفعت است چند روزی بدون اینکه غذا و اب به من بدهند مرا شکنجه

می کردند و بعد از چهار روز دستانم را بستند و من را لنگان لنگان و با بدنی مجروح و بی
حس نزد قاضی بردند قاضی هنوز وارد اتاق نشده بودم به من گفت اینبار اعتراف میکنی یا نه
ترس تمام وجودم رافرا گرفت مبادا اگر اعتراف نکنم دوباره مرا به اتاق شکنجه بفرستند گفتم
جناب قاضی به چه چیز اعتراف کنم گفت به کارهایی که انجام نداده ای گفتم کسی را که به
خاطر عمل انجام نشده محاکمه نمیکنند قاضی خنده ای کرد و گفت این دادگاه دادکاه
بیگناهان است و کار ما این است که بیگناهان را محاکمه میکنیم. اینجا بود که خیالم راحت
شد که بالاخره علت دستگیری خود را فهمیدم با یقینی که به خود داشتم کاملا مطمین
بودم که گنهکار نیستم با شتاب پرسیدم قاضی پس حکمش چیست گفت حکمی ندارد فقط
دوستانم تو را میبرند و در سرزمینی عجیب رها میکنند که هر روز شاهد بیگناهی خویش
باشی من هم به حرف قاضی خنده ام گرفت با خود گفتم مگر اینچنین سرزمینی وجود دارد
قاضی با صدای بلند گفت حکم را قبول داری با شادمانی از اینکه از شر اونها بالاخره خلاص
میشم گفتم اری گفت ببریدش چشمانم را بستند و دوباره من را سوار ماشین کردند و من را
کنار خانه خویش رها کردند با خود گفتم اینان چه ادم های مسخره یی بودند این بود
سرزمین عجیبشان اینجا که خانه من است کدام سرزمین عجیب اصلا چرا اینکار را کردند
شاید قصدشان مسخره کردن من بود ولی حال که سالیان سال است که از آن ماجرا میگذرد
من در سرزمینی عجیب و بیگانه زندگی میکنم که هروز شاهد بیگناهی خویشم در دادگاه
خدایان حکمران بیگناهان بی اطلاع همیشه حکمی را با جان دل می پذیرند که آن را دوست
داشتنی می پندارند غافل از اینکه خدایان حکمفرما شدیدترین حکم را صادر می نمایند

همیشه انسان بهایی رو که برای زنده بودن می پردازه تحمله ،یه نوع به حماقت زدن خود به طوری که انسان به این باور میرسه که داره خودش رو زیر پاهاش له میکنه و گویی با زنده بودن توهینی بزرگ به شخصیت و باورهاش میکنه و انگار ادامه زندگی برای او نوعی حقارت تلقی میشه، پس انسان همیشه از این محیط سرشار از دروغ و تکرار به دنبال دلایلیه که زنده بودن رو براش اسان تر کنه و اینجاست که هر روز در حال فریب خودشه

دانیال که مدتیه که به این تکرارهای مزخرف پی برده و خودش رو دیگه خسته حس میکنه تصمیم میگیره دیگه به همه چی خاتمه بده، درمانده یه روش شده برای اتمام این کهنگی این نفس کشیدن این کابوس های وحشتناک و این روزمرگی ،شاید چند سالی که به یه روش برای خاتمه این تءاتری که خودش به تنها بازیگر و تنها بینندش تبدیل شده میگرده، تءاتری که بعضی وقتا هم حس میکنه اصلا بازیگر هم نیست فقط یه به عروسک خیمه شب بازی تبدیل شده،در اخرای شب که کم کم داره خوابش میبره تصمیم میگیره که فردا صبح بره و خودش رو از روی پل شهر توی روخانه پرت کنه و به این امید خوابش میبره فردا صبح که از خواب پا میشه دیگه امروز رو پر از تکرار نمیدونه به مانند یه قهرمان که چشم یه شهر به او دوخته شده میره و لباساشو تن میکنه عطر مورد علاقشو میزنه لباسی رو که دوست داره میپوشه و راهی پل میشه روی پل ماشین ها با سرعت در حال حرکتند از کنارهای پل حرکت میکنه تا تقریبا به وسط پل میرسه اون به خوبی میدونه که وسط پل عمیق ترین نقطه روخانه هم هست یه نفس عمیق میکشه و با خودش میگه آخی این منم که امروز همه چی برام تمام میشه این منم که اخرش جرات کردم تموم کنم همه چی رو ،در این حاله که صدای مهیبی تمام وجودش رو در بر میگره و تمامی افکارش رو بهم میریزه سرش رو برمیگردونه و یه

ماشین نسبتا مدل بالا رو میبینه که لاستیکش در نزدیکی او پنچر شده ،به سرعت از ماشین یه دختر زیبا پایین میاد و به حالتی از التماس که با ناز و حالتی از خواهش تبدیل شده به دانیال میگه اقا میشه کمکم کنی تا لاستیک رو عوض کنم دانیال هم سریعا به سراغ جعبه ماشین میره و لاستیک جدید و آچار رو دست میگیره و به تعویض لاستیک می پردازه کارش تموم میشه که دختر زیبا میگه اقا تشکر لطف کردی اگه شما نبودید نمیدونستم روی این پل تنهایی چیکار کنم اقا سوار شو که برسونمت دانیال هم سوار ماشین دختر میشه و دختر رو به دانیال میکنه و میگه وای اقا چه عطر جالبی زدید راستی اسمش چیه دانیال مارک عطر رو میگه و دختر با حالاتی از ناز و عشوه که هر بار دانیال مارک عطر رو میگه، میگه اقا اقا چی چی بود اسمش؟ دانیال میگه اصلا یه برگه بده که مارکش رو برات بنویسم دانیال تمام ذهنش مهو دیدن حرکات و صحبت کردن دختر شده کمی جرات بخودش میده و میگه این شماره زیر مارک عطره که نوشتم شماره منه دختر هم یه نگاه ناز به دانیال میکنه و برگه رو از دستش میگیره به داخل شهر که میرسند دختر میگه اقا واقعا لطف کردید مرسی اگه شما نبودید واقعا نمیدونستم که چکار میکردم من باید به دانشگاه برم و از دانیال خداحافظی میکنه و میره هنوز چند قدمی دانیال بر نداشته، که میگه وای من چکار کردم چرا همه چی رو تمام نکردم عجب شد که همه چی رو فراموش کردم،میخواهد خودش رو به پل برسونه که دیگه از اینکار خندش میگیره کارش رو یه نوع مزخرف بازی میدونه حتی دیگه این حس رو نداره برگرده به همه چی خندش گرفته ،در کابوس تکرار روزمرگی صورتکها انچنان نقش خود را خوب ایفا میکنند که بزرگترین ارادها را با خود به ژرفنای رودخانه میبرند و جسم های خسته را در آن طرف شهر رها مینمایند

کرم ابریشم

در بهاری زیبا کرم ابریشم مشغول خوردن برگ درخت بود ،که نگاهی به شاخه بالا که برگ های زیادی برای خوردن داشت اونو متوجه اسمان کرد کرم اسمون رو دید و از خزیدن بر روی شاخه احساس خستگی کرد حتی دیگه از خوردن برگ ها هم تنفر پیدا کرد فکر پرواز تمام وجودش رو به خودش مشغول کرده بود هر روز با خود میگفت چرا من نباید پرواز کنم این چرا و چرا گفتن ها اونو از خوردن و محیطی که در اون زندگی میکرد و مجبور بود برای خوردن برگ روی شکم خودش بخزه متنفر کرد و اون هر روز ضعیف و ضعیف تر میشد هر روز دنبال دلیل و گلایه از شرایط کنوی خودش بود اری او داشت با این روحیه زندانی اطراف خودش بوجود می اورد که دیگر حتی قادر نبود روی شاخه به زندگی قبلی خودش ادامه بده یک روز که در کنج شاخه ای که خوابیده بود بیدار شد دید حتی قادر به دیدن اطرافش نیست اری او پیله همون زندان خویش رو برای خودش ساخته بود اندوه سراسر وجودش را فرا گرفت میخواست تلاش کنه که خود را به محیط قبلی خود برسانه چون از محیط جدید میترسید و در این حال بود که بخواب رفت چند روز بعد وقتی به خودش امدبا اندکی تلاش موفق شد پیله را بشکافه و با شگفتی فروان متوجه شد دیگه اون کرم خسته از خزیدن نیست او قادر بود که پرواز کنه به پرواز پرداخت در پرواز متوجه شد که محیط قبلیش، اون درخت چه جای کوچکی برای زندگی او بوده و به پرواز عاشقانه خویش ادامه داد،ماییم سازندگان و زندانبانان خویش طبق سنت قدیم کرم ابریشم هرچند پروازی نباشد اما سنتی است برای اثبات خویش

سرطان

انسان در مقابل مشکلات راهی رو انتخاب میکنه که همیشه با اون راه حل در حال زندگی کردنه شایدم بخاطر همینه که به سراغ راه حل های جدید نمیره راه حل هایی که شاید پاسخی عقلانی تر و کاراتر رو در بر داشته باشند ،میشه گفت انسان طالب کهنگیه تا تجدد و این هم یه پاسخی عقلانیه چون کهنگی ها ریشه در تجربه فردی انسان تا زمان حال دارند و بدبختانه اینکه انسان ملاک برای تصمیمش در اینده هم بر طبق همین کهنگی هاست

اقای دکتر میشه بگید جواب ازمایشم چیه؟

پسرم چیزی نیست فقط نتیجه ازمایشت نشون دهنده یه نوع سرطانه که با شیمی درمانی تا حدودی قابل درمانه

وای اینجا بود که بلاخره علت اون همه سردرد و حالت تهوع رو دونستم،ولی من تا با حال اصلا مثل احمق ها زندگی نکرده بودم یا شاید هم فکر میکنم که احمق نیستم،که بعد از این هم ندونم که میخوام چکار کنم،با نوع سرطان که دکتر بهم گفت دونستم زیاد ماندنی نیستم و نمیتونم الکی دل خودمو خوش کنم و به خودم امید واهی بدم،سه راه بیشتر نداشتم اول اینکه به شیمی درمانی تن بدم و خودمو بیشتر به بازی بگیرم و هر روز امید واهی خوب شدن رو داشته باشم که با نوع سرطانی که من دارم کسی تا حالا درمان نشده ،پس دور راه اول رو خط کشیدم .روش دوم اینه که هرچه زودتر خودم خلاص کنم که اگه جرات این کار رو داشتم صددرصد قبل از این بیماری تا حالا اینکارو میکردم ،و راه سوم راه همیشگی و کاریه که همیشه مسغول اونم که مثل سوسک مسخ شده کافکا یه گوشه بمونم تا مرگم فرا برسه چون خیلی وقته که دارم این کار رو میکنم و برام اسونترین راه ممکن همین راهه ،و طبق

تجربه قبلی بهش عادت دارم و بهش انس گرفتم اره خب وقتی چاره ای برای انسان نباشه انسان به سراغ اشناترین راه میره ،خب با تکرار این جمله که افرین بالاخره بهترین راه رو انتخاب کردم به خودم قوت قلب و جرات دادم راستش هم فرقی نمیکرد برام، چون اخر هر سه راه مرگ بود.سه هفته گذشت از سر درد اروم نداشتم حتی اب رو هم که میخوردم بالا می اوردم داشتم زجر وحشتناکی رو تجربه میکردم گهگاهی هم بیهوش میشدم و به هوش میامدم حس میکردم که ترس فقط تنها مونس من شده و یگانه دوستی که هرگز رهام نمیکنه ،تمامی این حس ها اشنا بود همون تجربیات گذشته که الان پر رنگ تر شده بودند فکر میکردم شاید از روز اول زندگیم به سرطان مبتلا بودم،این درد و حال بد بالاخره توان رو از من گرفت و محبورم کرد که برای شیمی درمانی پیش دکتر برم که شاید از شدت درد کاسته بشه،نمیدونم من احمق چرا از اول این راه رو انتخاب نکردم چون واقعا درد و زجر کشیدن بزرگترین ارادها رو هم به بی ارادگی میکشونه،شاید هم فراموش کردن درد بود که راحت ترین و آشناترین تصمیم رو گرفتم.تصمیمی که حالا با تمام وجودم دانستم که اشتباه بوده.وارد مطب دکتر شدم دکتر نگاهی به من کرد و گفت اوضاعت وخیمه پسرم گفتم دکتر اگه حالم بد نبود که حالا پیش تو نبودم این رو هم که خودم میدونم که حالم بده حالا امدم واسه شیمی درمانی ، دکتر گفت پسرم دیر اومدی شیمی درمانی در یه زمان خاص ممکنه جواب بده ولی من تمام سعیمو برات میکنم شاید کمی از دردت کاسته بشه،دکتر مقداری دارو برام نوشت و گفت هر چند روز یک بار این امپول ها رو تزریق کن،منم تماما داروها رو تهیه کردم و به شیمی درمانی پرداختم دو ماه و نیم کارم شد تزریق دارو اما نه تنها بهتر نشدم بلکه از شکل ظاهری هم افتادم تمامی موهای بدنم حتی مژهام همگی ریخته شد از خودم بدم میامد از شکل ظاهری جدیدم از اینکه دیگه شکل ظاهریم متفاوت از بقیه ادما شده ،با این ظاهر فکر میکردم

مثل بقیه ادما نیستم خودمو کاملا با اونها بیگانه احساس میکردم ،مثل تکرار اشنای اون حس بیگانگی دیرینه ام که حالا با ریختن موهای بدنم گویا که این حس هم به تکامل رسیده بود نمیدانم چرا از وقتی که خودمو شناختم همش این حس های ناخوشایند من هستن که به طرف تکامل پیش میرند،کاش درد رو تحمل میکردم تازه درد هم کاملا اروم نشده بود داشتم دیوونه میشدم گفتم دوباره تصمیم اشتباه گرفتم باید از اون اول خودمو خلاص میکردم یه اسلحه که توی زیرزمین خونه ام که لابه لای چند گونی پوسیده شده پنهونش کرده بودم رو در اوردم و به طرف سرم نشونه گرفتم و به این یقین رسیدم که اخرش بهترین تصمیم رو گرفته ام

در تعیین راه برای مسافران محکوم به مرگ، تحمل درد ادمی را به تکاپوی ارامش میرساند و دردمندی اغازگر کاوش ارامش است

در سرزمینی عجیب به پهنای خیال که گسترده اش به مانند همین جهانی است که ما در آن زندگی میکنیم ، جادوگری خبیث مردمان آن سرزمین را طلسم کرده بود،طلسمی که زندگی را برای بسیاری از مردمانش عادی مینمود ، و آنها این طلسم شدگی را بخشی از زندگیشان می پنداشتند.و آن را به روال عادی زندگی پذیرفته بودند چرا که انان زاده طلسم بودند .آری زاده طلسم ،بدون هیچ انتخابی برای چگونه بودنشان ،بدون اختیار داشتن در تعیین جنسیتشان انان پذیرفته بودند که حتی توسط طلسم زاده شوند و بدون اختیاری در تعیین مکان تولدشان شاید هم پذیرش طلسم توسط انان، برای این امری عادی بود ،که اختیاری از اغاز بودنشان از خود نداشتند ،از ابتدا بودنشان پذیرفته بودند که برای غذایی اندک چنان فریاد (گریه نوزادان)از خود سر دهند که تمامی گوشها را متوجه خود سازند این زاده شدن و گریه ها همگی از رموز طلسم جادوگر خبیث بود که آنان اختیاری از پذیرشش نداشتند ،جادوگر آنان را آنچنان طلسم نموده بود که به راحتی پذیرا این بودند که اندازه اشان تغییر کند و رشد کنند و دوباره شاهد استهلاک اندامشان ،سپیدی موهایشان و شاهد نیستی و نبود هم نوعانشان باشند در سرزمین جادوگر خبیث همه این امور امری عادی بود که همگی پذیرای ان بودند و کسی هم حتی اندکی شک به آن نداشت وتنها عکس العملی که مردمان طلسم گشته بی خبر ،از خود نشان میدادند افسوفی بود که فرزندان به هنگام مرگ پدران و پدران هنگام مرگ فرزندان و دیدن چهرهای پیر و شکسته خود در ایینه گذشت زمان ابراز مینمودند که آن هم بر طبق طلسمی دیگر از جادوگر که همانا فراموشی بود از خاطرشان رخت میبست و اما بعد ازاد مردی بنام اوهاتان به راز طلسم جادوگر پی برد و خواست که آن را برای مردمان سرزمینش فاش سازد،که سریعا توسط جادوگر به طلسمی عجیب درامد

طلسمی که خود را هر روز بیگانه تر با هم نوعانش حس میکرد گویا که او به تنها شاهد نیستی نابودی و تجزیه هم نوعانش تبدیل گشته بود او حتی دیدن کودکی غافل و مشغول بازی کودکانه که مراحل گذر تکرار زمان او را در بر گرفته بود ، ازارش میداد اوهاتان خواست به یکی از ابزار طلسم جادو گر دست یابد که ساعت شنی بزرگی بود که جادوگر برای تجزیه و گذشت زمان برای هم نوعانش ساخته بود او اگر این ساعت شنی را از کار می انداخت به

جاودانگی دست میافت و هم نوعانش هم نیز از تکرار نجات می یافتند،اری اوهاتان خواست که به رمز جاودانگی پی برد که توسط جادوگر طلسمی عجیب گشت و شاید هم انطور که در افسانه ها امده اوهاتان خود ،خود را طلسم کرد چون به جاودانگی پی برد و نخواست که اسیر تکرار زمان باشد اما من بر این اعتقادم پی بردن به جاودانگی در مکانی که از نیستی و تجزیه پیروی می کند بیهودگی به بار می اورد وبیهودگی تنها به چالش کشنده و سوال راستینی است که ما از این شهر جادویی داریم پوچی و بیهودگی که نه این که ما پوچ و بیهوده هستیم نه اصلا چنین نیست بلکه این سرزمین جاودیی و بیهوده و پوچ دیگر سرزمین ما نیست

لباس نو

امروز صبح وقتی که از خواب بیدار شدم هنگام خروج از خانه لباس خودمو توی اینه دیدم حس کردم که لباسم خیلی کهنه شده تصمیم گرفتم برای خرید لباس نو به بازار برم تا بتونم لباس مناسبی رو برای خودم بخرم مغازه ها لباس های متفاوتی و جالبی داشتند من از ویترین مغازه ایی یک لباس جالب و زیبا رو که احساس کردم برام مناسبه انتخاب کردم و به فروشنده گفتم بیاره که تن کنم فزوشنده هم اورد تن کردم همون سایز قبلی اما با تعجب حس کردم که لباس خیلی برام تنگه به فروشنده گفتم لطفا یه سایز بزرگتر اون یکی لباس رو هم تن کردم داشتم گیج میشدم سایز من تغییر نکرده بود اصلا چاق نشده بودم با خودم گفتم حتما ایراد از لباس های جدیده که هم سایز من نیستن بنابراین تصمیم گزفتم برای خرید لباسی نو به خیاطی برم وارد خیاطی شدم، خیاط متر رو دست گرفت به خیاط گفتم فقط دقیق باشه اندازه ها گفت کارت نباشه من سی و یک ساله کارم اینه تو سه روز دیگه بیا لباست رو ببر ،بعد از سه روز به خیاط مراجعه کردم لباس رو اورد تن کردم دیدم عجب این لباس هم خیلی تنگه گفتم خیاط تو قرار بود اندازهات درست باشه گفت عزیزم بیا از اول اندازت رو بگیرم اندازه ها همه درست بود با همان اندازهایی که قبل یاداشت کرده بود یکی بود و لباس هم بر طبق اون اندازه ها درست شده بود اره خیاط راست میگفت به ناچار لباس رو گرفتم و بیرون رفتم ، در انتخاب لباسی نو ایا مشکل اندازه ماست ؟ایا لباسی پیدا میشود که با آن احساس راحتی کنیم یا ما وابستگان کهنگی ها هستیم شاید هم مقصر خیاط هست اما اینو میشه کامل فهمید که لباسی پیدا نمیشود که با آن حس مناسبی داشته باشیم

فراتر از انسان

انسان در جستجو و شاید هم خستگان جستجو همان جستجوگران اخلاق و اخلاق را در ماورای معشوقی قدیسه و خدا گونه یافتند همان رهپویان واقعی هستند همان ها که در نهایت راه به دنبال چشمانی پر محبت و زیبا که از پشت ابرهای کدر اسمان بیرون امده و بادیده اش تن خستگان را نوازش میکند و به انان وعده فراتر از انسان را میدهد همان چشمان اسمانی یا شاید هم میتوان گفت خداوندگار مونشان اری پایان راه در شعر و فلسفه به همان چشمان اسمانی ختم میشود که همانا گریز انسان از انسانی دگر و زمینی (معشوق)و ربط معشوق زمینی به موجودی ماورایی است و اینجاست که فراتر از انسان معنا پیدا میکند واین نهایت شعر شاعران و اخرین سوال در فلسفه فیلسوفان، که گویا همگی به فراتر از انسان می اندیشیدند و این امر در حس و تمامیت خواهی و خودخواهی انسان نشات گرفته، گریز انسان از فنا و گریز از فنا شدنی و شاید هم فرافکنی انسان است از اصل قضیه فنا و تجزیه که فراتر از انسان در نهایت معنا پیدا میکند در سرزمین ما ایران هدایت مولانا حافظ و نیما و فروغ ره پویان این راه بوده اند و در بوف کور هدایت فراتر از انسان به معشوقی ماورای عقل و اندیشه و برتر ،تجلی پیدا میکند و هدایت با زبردستی خاص به ان اشاره مینماید و او فراتر از انسان را این گونه معرفی می کند معشوقی که شامل تجزیه و فنا نباشد به او خیانت نکند و ماورای عقل و اندیشه او باشد و ارتباط جسمانی نیز با معشوق خیالی یا همان فراتر از انسان نداشته باشد واگر ارتباط جسمانی هم شکل گرفت دیگر وی به همان پیرمرد کمر خمیده ای تبدیل میشود که از او وحشت داشت و حافظ هم به نوعی از فراتر از انسان اشاره مینماید (رندان تشنه لب را ابی نمیدهد کس گویی ولی شناسان رفتند از این ولایت) و مولانا (در نفیر ما روزها بیگاه شد روزها با سوزها همراه شد روزها گر رفت گو رو باک نیست تو بمان انکه جز تو

پاک نیست)تو مولانا تو پاک او همان تو حافظ و تو هدایت است و همان نهایت شعر و فلسفه ،نیاز انسان در طول تاریخ به (فراتر از انسان) به شعر و فلسفه ختم شده و به خلق هنر ،من به مانند فردی بیطرف این سوال رو مطرح میکنم ایا فلسفه ادمی و آن چرا اصلی که ادمی برای بودن خویش مطرح میکند ایا پی بردن به (فراتر از انسان) میباشد یا این امر شاید بنا به همان حس خودخواهی یا تمامیت خواهی انسان و فرافکنی اوست ترس از شکست ها ترس از دست دادن ها ترس از پیری ترس از خیانت معشوق زمینی ترس از حق انتخاب معشوق و گرهم در نهایت فلسفه و شعر بییندیشیم فراتر از انسان هر شاعر و فیلسوف و نویسنده همیشه ساکت و سکوت اختیار نموده و برای او مقدس است ایا این بخاطر ترس ادمی از حق انتخاب و اراده معشوق زمینی نیست که فراتر از انسان زاده میشود واینکه فنا شدن و مرگ و شاید هم معنا کردن معشوقی بدون تجزیه و مهربانی ،فراروی مهربانان که همواره ادمی را دریابد و ترس از مرگ که اری بعد از مرگ هم (فراتر از انسان)برای او جاودانه هست .و یا شاید هم ادمی با گریز از خود و گریز از تنهایی خود به معشوق پناه میبرد معشوق در حال تجزیه در حال پیری دارای حق انتخاب و اینجاست که متوجه میگردد چه دنیای متفاوتی بین او و قدیسه اش وجود دارد و انسان دوباره به خویشتن خویش بازمیگردد و فراتر از انسان را میسازد شاید هم فراتر از انسان خود او و ویژگیهای هر فرد باشد در قالب جنسی مخالف، زیرا ادمی تنها چیزی را که مجبور به تحملش است وجود خودش است اری انسان دوستدار خویش است یعنی با گردش در جهان به خویشتن خویش بازمیگردد ولی با فرافکنی که از خویشتن خویش دارد ان را به موجود ماورایی مربوط میسازد در قالب جنس مخالف و متفاوت.میتوان گفت که انسان دارای حس پرستش است و پرسدیده شدن و اینجاست که قداست و خدایان در تاریخ توسط انسان افریده شدند اما انسان قدیم غافل از این بود که اری او نیز باید پرستیده شود و هرجا

که ادمی از حس پرستیده شدن خویش غافل شد و فقط پرستنده گشت مذاهب و ادیان او و فراتر از انسان او را به بیراه بردند در کل میتوان گفت مذهب به بیراه برنده وجود ادمی بوده و منحرف کننده ادمی از فراتر از انسان.اری رهپویان واقعی راه در حال ساخت خدایان خویشن هستند خدایانی از وجود و مرام و رفتار خویش خدایی برای پرستش او و پرستیده شدن خویش توسط او نیاز این حس در شعر و هنر تجلی پیدا میکنه در موسیقی همان حالت درونی انسان به شکل نت اهنگی موزون و در نقاشی به صورت تصویری مجسم میشود و سایر هنر به طریقی،هنر زاده حس گریز ادمی از بی خدایی و ساخت خدایی برای ارامش روح ادمی است اری خدا و اینجاست که انسان نیز خدا میشود یعنی خالق خالق هنر و هنر زاده انسان میشود .فراتر از انسان در تضاد انسان با جهان ساخته میشود و این حس باعث بقا ادمی در طول تاریخ بوده در تضاد با سرما لباس پوشیدیم خانه یی ساختیم و در تضاد با گرما لباس از تن دراوردیم در گرسنگی دنبال غذا و این تضادها انسان را خالق نمود خالق خانه لباس انواع غذا و ..... ، به مانند سایر نیازهای دیگری که انسان را وادار به خلقت نمود فراتر از انسان نیز در تضاد انسان و گریز ادمی از واقعیت های جهان ساخته میشود و برای برقراری هارمونی روح انسان ، مرگ و نیستی و پیری در قالب تضاد هستی جاودانگی مهربانی و ابدیت معنا پیدا میکند یعنی اینکه ادمی همواره با جهان و شرایط جهان در حال ستیز است اصل تغییر و متغیر بودن گذشت زمان است که در جهان برگرفته از دو تضاد شب و روز است که حاصل ان خلقت فصول میشود یعنی مفهوم کلمه این است که در تضادها خلقت نمایان میشود در تضادی بنام جهان ،که خلقت نیز بنا به تضاد ساخته میشود.بحث من راجع گذشت زمان و اینکه متغیر بودن حالات انسان از کودکی تا مرگ بنا به گذشت زمان است که در گذشت زمان هیچ چیز پایدار نیست برای ادمی، از عمر تا جسم همه در گذر و تجزیه است یعنی زمان

بوجود اورنده این تضادها و ناپایداری، معشوق حالات و همه چیز برای انسان در حال فنا ،تغییرات و گردش کره زمین به دور خود و بوجود اورنده تضادها برای ادمی است که ادمی از شرایطی ناپایدار به دنبال موجودی پایدار و متافیزیک می گردد من هیچ قضاوتی در باره چرا و چگونگی گردش زمین به دور خود و ایجاد گذر زمان که باعث ناپایداری برای انسان میشود ندارم بلکه بحث من این است فراتر از انسان اینگونه برای انسان غافل از اصل ماجرا شکل میگیرد همانطورکه ادمی به در مقابله باسایر متضادهای طبیعت سرما گرما و سایر متضادهای جهان چاره اندیشی نمود یعنی تقابل ادمی حتی برای گذر زمان به موجودی ابدی برای ارامش خویش و به فراتر از انسان می انجامد.و این حس در طول تاریخ به ساخت خدایان متعدد انجامیده خدایان مصر باستان و خدایان هند و پرستش خدایان در قالب بت و سایر اشیا و حتی پرستش عناصر طبیعت توسط اقوام و انسان ها ، و حال انسان مدرن امروز دیگر نه تنها خواهان پرستش مصنوعات بشری و عناصر طبیعت نیست بلکه پرستشر خدای خالق ماورایی را نیز انکار میکند انسان مدرن امروز خود یک جستجوگر راستین برای پی بردن درستی و راستی از میان واقعیت میباشد درک صحیح انسان امروزی از واقعیت ها او را به درستی و شاید به حقیقت نسبی سوق میدهد .انسان مدرن گریزان از خدایان تعریف شده و سنت قدیم ،خود به نوعی در تکاپو ایجاد سنتی نوین میباشد سنت و ایینی که او را به فراتر از انسان سوق می دهد.شاید بتوان گفت جستجو و تلاش انسان مدرن برای یافتن فراتر از انسان به مراتب بیشتر است از پذیرش سنت قدیم برای او ،تلاش نیچه که مرگ خدا را اعلام مینماید تلاش یک فیلسوف راستین برای یافتن فراتر از انسان است و کلام نیچه که گفت کتابی را چه سود گرچه ادمی را فراتر از هر کتابی نبرد ، نمایانگر تلاش انسانی مدرن است برای پی بردن به فراتر از انسان ، اثار کافکا که به نوعی از هذیان گویی همراه با امید و ترس از

خواسته های انسان است هم دال بر جستجو انسان برای یافتن فراتر از انسان مبباشد شاید در جستجو ادمی برای فراتر از انسان است که اخلاق زاده میشود اخلاقی که منکر سنت است و منکر مذهب ،من هرگز این قضاوت را نمیکنم و ندارم که فراتر از انسان در متافیزیک معنا پیدا میکند اما شاید و شاید به نوعی فراتر از انسان دارای بعدی متافیزیکی برای انسان دارد چون هوش و ذکاوت فلاسفه و شعرا و انسان های راستین در نهایت به فراتر از انسان می انجامد

یکی دیگر از جنبه های فراتر از انسان برای ادمی تکرار (فراتر از انسان)در یاد شاعران نویسندگان و فلاسفه مبباشد که با گذشت زمان و سن نویسنده و شاعر و در ادوار مختلف سنی جوانی میانسالی و پیری نه تنها که از بین نمیرود بلکه پررنگ تر میشود و در نهایت حالتی عطش وار و جنون وار به خود میگیرد و از حالت وهم و خیال به واقعیت تجسم می یابد که زندگی شاعر فیلسوف و نویسنده در عالم واقعیت طبق آن حرکت نماید ،در شعرا و نویسندگان باعث افسردگی و در هدایت باعث خودکشی و شاید بتوان گفت به نوعی به جنون نیچه و سراسیمگی کافکا انجامید چون باور موجودی ساختگی که انسان تمام وجود خود را آن ساخته(فراتر از انسان)که در عالم واقعیت وجود خارجی ندارد باعث سرخوردگی در فرد میگردد و ادمی نیز قدرت این را ندارد که منکر موجود ساختگی خویش گردد چون تصوری مافوق ارزش برای آن قایل میباشد و شاید ارزشی مقدم بر ارزش وجود خویش.

فراتر از انسان در تنهایی فرد ساخته میشود و با حس او رشد میکند حسی شاید توام با قداست و به نوعی زاده شهوت و برگرفته از جنس شهوت که بعدها به قداست و تقدس و به فراتر از انسان می انجامد شهوتی که تجسم واقعیت برای آن نیست شعر شعرا و مدح معشوقی جوان در حالی که شاعر شعر را در سنین پیری و کهولت سروده و دیوانه وار به شعر خویش و معشوقه خویش (فراتر از انسان) سجده مینماید بر گرفته از این ذهنیت میباشد

نمود پیدا کردن اعتقاد به فراتر از انسان شاید به نوعی وحدانیت برای نسل ادمی بینجامد

وحدانیت در ایین و باور انسانها و دوری از خدای متافیزیک اسمان چون فراتر تر از انسان

تجسمی در ذهن ادمی دارد برای مثال اصل وحدانیت اینکه هدایت به سراغ ترجمه اثار

نویسندگانی میرفت که خالق فراتر از انسان بوده اند و شعرا اکثرا پیرو هم بوده اند و اثار

نویسندگان با الهام از نوشته یکدیگر و اقتباس و تاثیر گذاری اثار یکدیگر بر نوبسنده خلق

میگردد یعنی وحدانیت در باور و تکامل وحدانیت توسط اثری جدید و الهام گرفتن از یکدیگر

که به نوعی دال بر اصل وحدانیت میباشد که منشا ان باور به فراتر از انسان است محال ممکن

است دو ایین مثلا مسلمان و یهود و سایر ادیان حتی لحظه ای به وحدانیت با هم دست یابند

و اینجاست که هیچ دینی به وحدانیت نسل انسان و سعادت ادمی نینجامیده و جز جنگ و

کشتار چیز دگر ادیان به بار نباورده اند من خود شاعر یا نوبسنده ای را به یاد ندارم که به

کشتار پرداخته باشد و هرجا که جنگ و کشتار نفی شد و اصلا صورت نگرفت یعنی وحدانیت

.

فراتر از انسان و اخلاق

اعتقاد و باور فراتر از انسان چون باور ادمی به موجود و معشوقی کامل و قابل پرستش میباشد

این حس رو در ادمی بوجود می اورد که انسان بر طبق آن موجود کامل تفکر و تصمیم گیری

نماید و اینجاست که تعصب و حماقت و خرافه از بین میرود و در ذهن انسان فراتر از انسان

باور موجودات دارای ارزش هستند تعریف می یابد .آری ادمی دارای ارزش است چون ملاک

ارزش و الگو ارزشی در ذهن انسان فراتر از انسان باور همواره وجود دارد و پویا هست بر خلاف

مذاهب و سنت که همواره رعایت ارزش ها را با ثواب و گناه و ترس و وعده بهشت و جهنم

فرامیخوانند انسان فراتر از انسان باور خود ملاک و رعایت کننده ارزش است و این از اعتقاد به

فراتر از انسان در ذهن ادمی شکل میگیرد و قبول و باور انسان و پی بردن به ارزش انسان، فراسوی انسان بودنش بوجود می اید و ساخت انسانی ماورایی در ذهن انسان فراتر از انسان باور همواره پویا و زنده است که این امر تعیین کننده نوع رفتار او ست با طبیعت انسان ها حیوانات و اشیا که اخلاق را تعیین میکند و اینجاست که اخلاق معنا پیدا میکند و اخلاق زاده میشود

فراتر از انسان و نه به خدایان و سنت

فراتر از انسان که همانا ذهن پویا و زنده ادمی است بدون چرا هرگز چیزی را قبول یا رد نمینماید و انچه را که از اصل وحدانیت به دور میباشد پذیرا نیست و اینجاست که باید و نباید مذاهب و سنت ها در ذهن انسان فراتر از انسان باور رنگ می بازد چون ذهن او یاد گرفته و اموخته انچه را که دارای ارزش است حفظ نماید و با سنت و خرافه و مذهب، فراتر از انسان همیشه در ستیز است زیرا مذهب همواره بر شعار دروغینی استوار است که از خرافه سرچشمه میگبرد و مذهب در فراسوی خود منکر وجود تفکر ادمی و ارزش قایل بودن برای ارزش های انسان ها میباشد و ریشه در کهنگی ها دارد و هرگز به چراهای انسان پاسخ نمیدهد و هرگونه چرا و پرسش را در نطفه خفه مینماید و مذهب ضد ارزش های انسان فراتر از انسان باور است و ربطی به ارزش ها شخصی او ندارد و ذهن انسان فراتر از انسان باور همواره منکر آن (مذهب) است فراتر تر از انسان همان ذهن زیبا برای قبول ارزشها و جاودانگی و پرسش های نو است امری که در مذاهب پاسخی برای آن وجود ندارند و تنها پاسخ قاطع در مقابل تفکری راستین و فراتر از انسان جمله کفرگویی میباشد. من این را اینگونه بیان میکنم درکل فراتر از مذهب چیست؟ و به کدامین سوال انسان پاسخی عقلانی و منطقی میدهد در مذاهب همه سوالات از قبل پاسخ داده شده است و حتی مذاهب این

جسارت احمقانه را دارند که برای رفتار و کنش ادمی قوانین وضع کنند (قوانین مذهبی که حالت اجرایی در جامعه پیدا کرده اند) و احمقانه تر از آن از اینده متافیزیک بشر خبر میدهند (بهشت و جهنم) یعنی برای هر سوالی پاسخی غیرمنطقی و از پیش تعریف شده را دارا هستند و برای آن است که ما در طول تاریخ شاهد نواوری و پیشرفت و تکامل صفات انسانی و تکامل علمی و هنری جوامع در اجتماع مذهبی نبوده ایم چون برای هر سوالی پاسخی نامعقول و خارج از منطق و عقلانیت همواره موجود بوده نظر شخصی من این است انسان با ورود و باور مذهب موجودی مسخ شده در اختیار دین تبدیل میشود .فراتر از انسان را میتوان اینده نیاز بشر مدرن دانست انسانی که تکامل یافته و به مبارزه با سنت دین و خرافه می پردازد و انسانی که مدرنتیه را میپذیرد از سنت و اجتماع و اداب و اعمال مکاتب و مذاهب رویگردان است و در کنج خویشتن خویش سیر میکند و فراتر از انسان میتواند به مانند تلفن همراه هش او را در تنهایی خویش مشغول نماید .انسان مدرن کمتر تمایل به خود برای مشارکت در فعالیت های گروهی و اجتماعی از خود نشان میدهد حال انکه فعالیت چه مذهبی باشد چه یک سرگرمی، نیاز جامعه مدرن نه همزبانی حضوری و فیزیکی است نه همراهی اجتماعی (عدم حضور انسان در فعالیت های گروهی و اجتماعی نشات گرفته از صنعتی شدن و براورده شدن نیازهای جسمی و روزمره میتوان دانست مثلا براورده شدن نیاز به غذا که فرد دیگر به دنبال کاشت و برداشت غذای خویش نمیرود و رفاه اجتماعی و سایر امکانات، مثلا وجود گرما و نور صنعتی،و حس امنیت و امن بودن ، دیگر انسان ها را حول یکدیگر گرداوری نمیکند به علت کمبود منابع گرمایشی و نبود نور کافی که انسان قدیم مجبور به تعامل و زندگی جمعی با هم بودند که میتوان به تجمع خانوادهای قدیمی و سنتی حول منبعی برای گرمایش نام برد) در جامعه مدرن یک نهاد امنیتی تعریف شده وجود دارد

که وظیفه تامین امنیت را عهده دار است و هر اتاق برای هر فرد نور و گرمای کافی را به همراه دارد دیگر حتی زندگی خانوادگی نیز به نوعی به فردگرایی و فرد محوری انجامیده و هر فرد با خویشتن خویش یک انفلاب و خط سیر فکر خاص را طی مینماید که فراتر از انسان را میتوان اینده معنوی و متکتبی انسان مدرن دانست که ادمی بر اساس آن می اندیشد و عمل میکند. و باور و ایمان به مکاتب و سنت و مذاهب برای انسان مدرن و امروزی در حال فراموشی میباشد، و این امر را میتوان در رویگردانی انسان مدرن از مذاهب سنت و در قرن حاضر دانست که با مشاهده کلیساهای خالی از نسل جوان و مساجد تهی از انسان مدرن نام برد و هر کس به نوعی درصدد میباشد که فراتر از انسان خویش را به صورت قانون در اورده و به ان وجه قانونی و اجتماعی بدهد که میتوان به قانونی شدن ازدواج همجنسان در برخی از کشورها نام برد و این امر دال بر شکست قوانین مکتب و مذاهب برای انسان مدرن میباشد

فراتر از انسان و نمود در عالم واقعیت

فراتر از انسان که همان تلاش ادمی برای یافتن معنویتی نوین میباشد حال در هر قالبی که باشد چون پاسخی قاطع به محیط جهان و واقعیت های موجود میباشد به مانند تمامی نظریات فکری چون شرایط اجتماعی برای بروز ان مهیا میشود در اینده شاهد ظهور هرچه بیشتر ان میباشیم و فراتر از انسان بشر را به معنویتی نوین سوق میدهد و ارزش انسان بنا به ارزش های والای انسانی سنجیده میشود و جهان به سمت وحدانیت راستین حرکت مینماید شاید که ما در اینده زندگی بشر شاهد پرداخت ها برای خریدها و نیازهای روزمره نباشیم و معنویتی نوین بشری جایگزین حس مادی او بشود در چنین چشم اندازی است که انسان ها حس جاودانه بودن و فریاد جاودانگی را بر روی زمین سر خواهند داد فریادی که در نسل های قدیم بشر برای جاودانگی چشم به اسمان دوخته بودند.

حسین

امسال هم مانند سالهای دیگر ماه محرم شروع شده بود شب اول محرم بود که حاج اقا رو به
زنش کرد و گفت خانم من امشب میرم هیت واسه مراسم ،زنش گفت: قبول باشه حاجی ،من
هم الان اماده میشم و میام، مرد که میدید هر سال داره این مراسم از مراسم مذهبی تغییر
ماهیت میده و به گرد همایی و مهمانی شبانه برای مردمان خسته از تفریح و سرگرمی تبدیل
میشه ،به زنش گفت نه امشب داریم وسایل هیت رو اماده میکنیم بقیه هم خانوماشون امشب
به مراسم نمیان او که چهارده سال از زنش بزرگتر بود و زنش هم دارای شکل ظاهری نسبتا
زیبایی بود از این امر واهمه داشت که مبادا کسی در مراسم چشم به زنش بدوزه و همواره
حاجی سعیش این بود که زن رو به بهانه های مختلف در خانه نگه داره زن هم که دل خوشی
از این مراسم نداشت گفت چشم حاج اقا نمیام. هشت سال پیش بود که زن با پسری در این
مراسم اشنا شده بود و پدرش که مرد مذهبی بود نگذاشته بود با پسرک ازدواج کنه و او رو به
حاج اقا داده بود که از بازاری های با ایمان و مورد اطمینان پدر بود

حاج اقا از زن خداحافظی کرد و به مراسم رفت زن با شنیدن صدا طبل و صدای مداحی
مذهبی که کوچه ها و خیابان ها رو فراگرفته بود ناخوداگاه به یاد اون پسرک افتاد گویا با
شنیدن صدای این مراسم فقط خاطره پسرک بود که ذهنش نقش میبست وجود زن رو بغض
عجیبی فرا گرفت تمام وجودش را اندوهی سرد در برگرفت و در باور خود گفت چه فکر کردم
و اینده ام چه شد ،زن از اعمال و رفتار حاج اقا ذله شده بود دیگه تحمل دیدن اعمال او رو
نداشت تمام حرکت شوهر حتی حرف زدن عادی شوهر را پر از کنایه و چندش اور میدانست
حتی ناهار و شام دادن به شوهر برایش کابوس شده بود هر روز مجبور بود در هر وعده غذا؛
سه بار ظرف برنج شوهر رو پر از غذا کنه و شوهر رو مثل یه کوروکودیل بزرگ اب شور

۲۹

میدانست که بعد از خوردن غذا ظهر و شب کنار سفره خوابش میبره.زن که زندگی خودش رو خالی از هر لطافت و عشق میدید دیگه خسته شده بود و همش به اون پسرک فکر میکرد ناگه بخود امد و برق شادی در چشمان زن مجسم شد رفت سریع به سراغ گوشیش و شماره تلفنی که از پسر به یاد داشت رو گرفت با تعجب دید که دوست سابقش گوشی رو برداشت پسر با شنیدن صدای معشوقه قدیمیش شادمان شد گفت عشقم من فقط واسه اینکه تو اخرش باهام تماس میگیری این شماره رو هرگز عوض نکردم اون دو مثل دو پرنده عاشق مشغول به صحبت با هم شدند زن وقتی که گوشی رو قطع کرد دوباره حس زندگی و شادمانی رو داشت تجربه میکرد و با خود گفت از این شب ها که حاجی خونه نیست باید نهایت استفاده رو بکنم و دوباره سریعا به پسر زنگ زد و او رو به خانه خود دعوت کرد پسر ابتدا گفت میترسم که بیام ،زن گفت نترس عشقم حاجی تا اخرای شب بر نمیگرده زن پسر رو به خونه خودش اورد و به مانند دو تشنه از جسم هم، یکدیگررو تا اخرای شب بغل میکردند و میبوسیدنت زن که داشت حس دوباره زندگی کردن و شادمانی رو تجربه میکرد رو به عشقش کرد و گفت کم کم اماده شو و برو حالاست که حاج اقا بیاد پسر هم تمام لباس هایش رو تن کرد و از خانه بیرون زد

حاج اقا ساعت های نزدیک یک شب بود که خسته از مراسم برگشت رو به زنش کرد و گفت ای زن خیلی خسته ام نمیدونی امشب چقدر خدمت به اقا کردم تازه یه دختر و پسر رو که کنار هیت داشتند با هم حرف میزدند و دستاشون تو دست هم بود، با بچه های هیت اوردمشون توی کوچه ،نگذاشتم که هنوز دست پسر از دختر جدا بشه ،یه سیلی محکم تو گوش پسر زدم و گفتم از این شب ها خجالت بکشین و به پسر رو تحویل پلیس دادیم زن گفت حاج اقا ثوابت رو بنویسن کار خوبی کردی

شب بعد دوباره حاج اقا رو به زنش گرد و گفت امشب هم میرم مراسم حاجی از ته دل این التماس رو داشت که امشب هم زن باهاش نیاد گفت تو که نمیای خانم ؟زن که دوباره هوس بودن با عشق قدیمیشو داشت گفت نه حاجی خیلی خستم سرم هم درد میکنه و حاجی از در بیرون رفت هنوز حاج اقا پاشو از در بیرون نگذاشته بود که زن شماره پسر رو گرفت و پسر رو به هم اغوشی خودش دعوت کرد

چند شبی گذشت و حاجی که هشت سال بود که از زن خودش بچه دار نمیشد دو سالی بود که یه زن صیغه ایی دیگر هم صرفا بخاطر داشتن بچه اختیار کرده بود اما این دوسال هم که از داشتن این زن صیغه ایی هم میگذشت اون هم بچه دار نمیشد.شب ششم تصمیم گرفت که بعد از مراسم به پیش زن صیغه ایش بره و شب رو با اون باشه ،رو به طرف زن خودش کرد و با گفتن این بهانه که ای زن امشب خونه نمیام مشغول نذری درست کردن هستیم امشب ،زن هم که از خداش بود که تا صبح با عشقش خلوت کنه گفت اجرت با خدا حاج اقا برو ، امشب رو هم زن تا صبح در اغوش عشقش گذراند

چهل شب بعد نزدیکای اربعین بود که از این ماجرا می گذشت زن رو به حاج اقا کرد و گفت حاجی تست حاملگی دادم و حامله ام، حاجی در حالی که اشک در چشمانش جمع شده بود گفت خدا رو شکر اگه پسر باشه حتما اسمش رو حسین خواهم گذاشت

پازل

نمیدانم چرا مدتیه که با کلمات بازی میکنم فکر میکنم و جمله میسازم دوباره تلاش میکنم برای گفتن جمله ای کاملتر، کارم همین شده از وقتی خودمو شناختم، شناخت عجب کلمه زجر اوری و تلاش برای توصیف شناخت از خود و از اینکه چه میخوام خواستن یعنی نیاز ،نیاز به داشتن ،داشتن یعنی حس مالکیت ،بعد چندی متوجه شدم نه مالک چیزی هستم نه خواسته هامو کسی پاسخگوه و در اینجاست که به مانند کودکی که به اسباب بازی مورد علاقش نرسیده همش بهانه میگیرم بهانه ای برای توجیه نداشتن ها و خواسته های نرسیده، حالم از این همه نیاز وجودیم بهم میخوره بعضی وقتا میگم کاش درخت یا گیاه میبودم درخت رو میبینم که اونم فصل خزان داره میگم مگه ممکنه که این درخت بیجان هم فصل خزان داشته باشه فصل بی برگی و تحمل سرما اینجاهه که از درخت بودن هم متنفر میشم و میگم کاش دریا میبودم بدون نیاز به کسی همیشه در تلاطم، به دریا هم نگاه می کنم میبینم اگه دریا ،رودها و قطرات باران بهش نرسه دیگه دریا نیست دریاهم به مانند من و درخت نیازمنده ،دوست دارم همه چی باشم غیر از خودم حس تجربه یه شی بودن هم خوبه ولی بدبختانه اشیا هم زمانی معنا پیدا میکنند که در جای خاص خودشان و به کار خاصی بیایند و گرنه شی بودن هم بی معناست، و همه اشیا برای کار خاصی درست شده اند پس حتی یه شی کوچک هم که درست شده دارای معنایی خاصه،نمیدانم از جان خودم چی میخوام شدم جلاد روح خودم مگه توی این دنیا اخرش چی میشه شد دنیایی که اخرش مرگه نابودیه و جهانی که از درخت تا اشیا همه برای تکامل و معنا پیدا کردن در حال نیاز هستند و باید در جای خاص خودشون معنا پیدا میکنند ،خیلی طبیعیه همه چیز داره روال عادی خودشه طی میکنه ، من چرا اینقد این جهان مزخرف رو برای خودم دارم سخت میکنم مگه اشیا هم مثل

من نیستند و منم مثل درختان فصل خزانی دارم و مثل دریا محتاج بارانم ،چمه چم شده؟ همه چیز عادیه اما نه یه جای کار لنگ میزنه من کجا معنا پیدا میکنم مثل پازلی شدم که یک قطعش کامل نیست باید به دنبال اون قطعم بگردم ولی بعد یه مدت گشتن متوجه شدم نه بابا تمام قطعاتم سر جاشه شاید این من، این شکل و جسم و بودن من ،کل هستی و بودنم قطعه ای از یه پازل باشه که با من کامل میشه چون من پی برده بودم حتی اشیا هم بی معنا نیستن و باید سرجای خودشون باشند که معنا پیدا کنند و کار خاص خودش رو هرشی انجام میده اره به این یقین رسیدم که کل وجودم شده یه قطعه از یه پازل ،و این باور اخرم شد اما کی باید منو سر جای خودم قرار بده مدتیه دارم به اون منظره فکر میکنم که جسم سردم قراره اونجا قرار بگیره شاید جسم سرد و فسورده ام در کنار یه حرارت خورشیدوار قرار بدهند چون از درخت اموختم فصل خزان رو ،که با نسیم محبت بخش بهار جسم فسردش جان میگیره ولی نمیدانم که دارم خودم گول میزنم به خودم دروغ میگم یا ترس وجودمو فرا گرفته ،نمیدونم دیگه چاره ای ندارم از دست خودم و از این سوالات از این لذت ها از این زجرها از بیهودگی و در جایی دیگر از این همه شهوت و پرستش خواسته هام از این تضادها از شادی از اندوه ،هیجان ها دیگه خسته شدم.و از طرف دیگه نمیتونم منکر لذت ها دوست داشتن هام و میل به زندگی و زنده بودن بشم.در جشن مهمانی اجباری(هستی) که به آن فراخوان شده ایم تنها رقصنده آن پوچی است و پوچی مقدمه ای است برای کشف راز پازل ،پازلی که شاید تصویر نهایی و تکمیل شده اش شاید و شاید جاودانگی باشد

تا اندکی که انسان به ذره ای از دانش، خواهی دانستنی به دروغ باشد یا پیروی از ایین و مذهب یا نواختن اهنگی یا گفتن قطعه شعری، بر امد که چهره و ظاهری متفاوت برای خویش نمایان سازد و خود را متفاوت به انسان های دیگر جلوه گر نمایاند، ما شاهد این امر در مذاهب با موهای بلند سرهای تراشیده شده ریش های دراز و سبیل های کوتاه یا بلند و پوشش و لباس های متفاوت هستیم و استفاده از نماد ها و احداث مکان هایی مقدس برای فریفتن ادمی ، و این امر را در ظاهر متفاوت و پوشش چندش اور کشیشان و ظاهر تمسخر امیز سایر مبلغان هر مذهب و ایین می توان دید که با ساختن ظاهری متفاوت که گویی که از عالم دگر امده اند و میخواهند جواب تمام سوالات نسل بشر را در ثانیه ای بدهند و فقط کافی است که به رهروانشان برای رسیدن به بهشت چندش اورشان اضاف گردد،من به این باورم که مذاهب خود را می ارایند تا اراسته شوند وزیبا و متفاوت به نظر رسند تا رهروانشان را از طرح هرگونه پرسش، در پس مکان های مقدس و اراستگی ایینشان منع کنند و پیروانانشان را فقط در ظواهر خویش غرق نمایند چون در باطن و فراسوی مذاهب هیچ پاسخی برای سوالات یک انسان جستجوگر یافت نمیشود و من معتقدم ایینی که راست میگوید هرگز مبلغی امده از طرف خدایان ندارد مبلغ چرا ؟مگر ادمی محکوم به زندگی در زمین نیست آنان که وعده اسمان را به زمینیان فریب خورده میدهند نه تنها اسمان را به انان هدیه نمیدهند بلکه زمین و لذت ها و شادی های زمینیشان را می کشند آنانند به بیراه برندگان نسل بشرند.کدامین مکانی مقدس برای عبادت، در صورتی که انسانی که دارای ارزش است بی مکان است و نهایت به مشتی خاک تبدیل می گردد وبی اشیانه تر و بی مکان تر از هرموجودی میشود ایا مضحک نیست برای انسان بی مکان مکانی مقدس برای عبادت باشد

شاید مبلغان و رهروان مکاتب و مذاهب خود را می ارایند و متفاوت می نمایند تا انسان را از این حقیقت دور نمایند اما مضحک تر از ظاهر متعصبان مکاتب و مذاهب ظاهر کسی است که شعری گفت و موسیقی را نواخت و به چرایی پی برد چرا او باید برای خویش سریعا ظاهری متفاوت ایجاد نماید من نمیدانم گفتن داستانی و شعری و نواختن موسیقی وخواندن اهنگی چه ربطی به موهای بلند و ریش های کوتاه یا بلند و لباس هایی سفید یا رنگی پوشیدن دارد ایا این امر از خلا درونی بشر سرچشمه نمیگیرد که ادمی میخواهد خود را بیاراید تا متفاوت جلوه کند که گویی از جهان دیگر امده و به دانش ماورایی دست یافته من با حق انتخاب پوشش کاملا موافقم ولی منظور از گفته من پوشش کسانی که شعری سرودند و نوشته ایی را نوشتند در مخالفت سنت و خرافه در صورتی که با پوشش خویش در حال ساختن همان خرافه و شکل دادن به ایینی هستند که مبلغان کشیشان خاخام ها و مفتیان و اخوندها به ان پرداختند و با وعده اسمان انسان ها را نهایت در زمین قبر نمودند

سه زندانی که در بند فرمانروای مستبدی در حبس بودند یک روز با همکاری هم موفق به فرار شدند نفر اول به جرم ترویج افکار مذهبی و مبارزه از طریق باورهای مذهبی و علت رشد نیافتن جامعه رو عمل نکردن به قوانین الهی و باید و نبایدهای دین میدانست در بند حاکم مستبد زندانی بود نفر دوم یه اقتصاد دان بود و علت بدبختی مردم رو فساد حاکم و تقسیم ناعادلانه ثروت میدانست و سومی نویسنده و شاعر بود او اگاهی نیافتن انسان بر وجود خویشتن رو علت بیچارگی عوام مردم میدانست او حتی با حاکم به مبارزه برنخواسته بود فقط قصدش چاپ کتابش برای اگاهی بخشیدن به مردم بود که توسط حاکم زندانی شده بود.اری این سه با همکاری هم موفق به فرار از زندان فرمانروای مستبد شدند مسافت طولانی رو بدون اینکه با هم حرفی بزنند پیمودند که مرد مذهبی رو به ان دو کرد و گفت همه اش به لطف خدا بود که موفق به فرار شدیم ناگه مرد اقتصاددان جواب او رو داد و گفت اگه پولی که من به زندانبان نمیدادم نبود فراری در کار نبود .مرد نویسنده گفت این حرفا چیه مهم اینه که حالا ازادیم و موفق به فرار شدیم و اگه خواست خودمان برای فرار نبود خدا هم هرگز کمکمان نمی کرد مرد مذهبی گفت کافر تو ساکت شو ، نویسنده گفت من که چیزی نگفتم و دیگه صحبت نکرد و همین طور بحث بین مرد مذهبی و اقتصاددان ادامه یافت تا اینکه مرد مذهبی گفت من دیگه بقیه راه رو با شما نمیام و تنها میرم شما خدا رو فراموش کردید و رفت و به راهش ادامه داد اقتصادان رو به مرد نویسنده کرد و گفت دوست من بهتره ما هم جدا بشیم چون مسیر من با تو متفاوته و من باید هرچه زودتر به شهر برسم.بدین ترتیب هر سه از هم جداگانه راه را پیمودند مرد مذهبی رفت و رفت تا به رودخانه ای رسید ، از تکه چوب هایی که کنار رودخانه بود برای خود یه چیز شبیه قایق ساخت و سوار قایق شد و شروع به حرکت

کرد در فکر روزهای بد زندان بود که ناگه قایقکی که ساخته بود از هم گسیخت، او محکم دست خود را به یکی از چوب های گسیخته گرفت و مرتب میگفت خدایا کمکم کن، ماهیگیر پیری که کمی بالاتر مشغول ماهیگیری بود به طرفش امد و او را سوار قایق خودش کرد مرد مذهبی به محض اینکه سوار قایق ماهیگیر شد گفت خدایا شکر من یقین داشتم که خدا صدای منو میشنوه.مرد اقتصاددان هم مسافتی رو پیمود تا به همان روخانه رسید او نیز به ناچار برای عبور از رودخانه قایقی با تکه چوبها ساخت و سوار به قایق به محیط اطراف نگاه میکرد که متوجه جرجر قایق شد قایق به سرعت از هم متلاشی شد و او بر روی تکه چوبی خود را به سختی جا کرد ماهگیر که نتوانسته بود تا ان ساعت از روز ماهی صید کنه مکان خود را برای صید تغییر داد که ناگه متوجه اون مرد در حال غرق شدن شد مرد وقتی که ماهیگیر رو دید گفت ای ماهیگیر اگه نجاتم بدی پول خوبی بهت میدم ماهیگیر دست خود را به طرفش دراز کرد و او را به قایق ماهیگیرییش سوار کرد به محض اینکه که مرد سوار قایق ماهیگیر شد اول پولی رو که به ماهیگیر وعده داده به او داد.مرد نویسنده خسته و بی رمق به کنار رودخانه رسید او نیز به ناچار برای عبور قایقی ساخت و به راهش ادامه داد به خروش رودخانه گوش میداد و از دیدن رود لذت میبرد که قایق که ساخته بود به صخره ای برخورد کرد و تکه تکه شد او دست خود را به صخره ای گیر داد و با خود گفت اگه شانس بیارم و زنده بمانم خوبه ،که ماهیگیر با قایقش به طرفش امد ماهیگیر به مرد نویسنده گفت من اون دو رو امروز نجات دادم حالا هم نوبت تو هست نویسنده گفت تو اون دو رو نجات دادی ماهگیر گفت اری نویسنده گفت پس اونا رو میشناسی ماهگیر گفت اری و حال امدم تو رو نجات بدم نویسنده تشکر کرد ماهگیر گفت من بر طبق ایین قبیله ام افرادی که میخواهند غرق بشوند رو نجات میدم و به نویسنده گفت دستد را از صخره جدا کن نویسنده دستش را

جدا کرد و متوجه شد رودخانه اصلا عمیق نیست ماهیگیر گفت این رود حرکت و خروش درون ادمی است و عمق زیادی ندارد رودخانه یکی است اتفاق و حادثه ای که برای شما رخ داد یکی، تا این لحظه همه چیز در وحدانیت و یکانگی و شرایطی یکسان برای شما رخ داد اما دلایل انسان برای وجود و بقا خودش است که اصل وحدانیت رو از بین میبرد و این اشتباه شما انسان هاست که بودن وجود خویش را به به دلایلی مرتبط میدانید و در اینجاست که وحدانیت رو از بین میبرید البته چاره ای هم برای شما جز این نیست شما مثل من و ایین قبیله ام هر یک موظف به کاری هستید نویسنده پرسید موظف به چه کار ؟ماهیگیر گفت اثبات خویش،نویسنده گفت من دلیلی نیاوردم خب، ماهیگیر گفت میدانم تو از رهپویان راهی،و میخواهی راهت را ادامه دهی انان که دنبال دلیل و معلول هستند در اغاز راه دگر رهرو راه نیستن و رودخانه روح انان با خود به عدم میبرد چون هر انچه که از اصل وحدانیت دور افتاد به دریا عدم می افتد هرچند که من طبق ایین قبیله ام جسم هایشان را نجات میدهم ،انان دگر نه رهروان راه بلکه حاکمان بر قوانین و باید و نبایدها میشوند و سازندگان اصول و دلیل و علت و مصلحان اینده هستند که با اجرای قوانین در مکتبی خاص (چون اموخته بودند طبق اصل رودخانه همه چبز را دلیلی است) به بیراهه برندگان استعدادها و هر نبوغ و اندیشه وجود انسان ها میشوند. انان ادمی را در بند قوانین اورده و به بیراهه برندگان وجود ادمی هستن ،نویسنده گفت من به کجا میرسم ؟ ماهیگیر خندید و گفت رهرو راه خود تعیین کننده راه است نویسنده گفت خواهش میکنم ماهگیر بگو تا کتابی بنویسم برای رهروان حقیقی ، ماهیگیر خندید و گفت مگر جمله ان فیلسوف را نشنیده ای که کتابی را چه سود گرچه ادمی را فراتر از هر کتابی نبرد

با وجود اینکه او کاملا میداند خدایان حاکم از مبارزه او چشم بر نمیدارند ولی او با تمام قوا در میدان میجنگد شمشیر زن خسته گهگهاهی نگاهی به خدایان حاکم دارد و برق شادی وصف نشدنی در چهره پادشاه جبار خویش مشاهده میکند او کاملا میداند طبق سنت رم باید به مانند یک از جان گذشته و با تمام قوا مبارزه کند و کوچکترین سستی در مبارزه به قیمت جانش می انجامد ولی گهگاهی چشم به پادشاه دارد که از مبارزه او خوشنود باشد او همچنین تنفری وصف ناشدنی نیز از پادشاه در اعماق وجود خویش میپروراند چون پادشاه به مانند خدایی حاکم او را به این میدان نبرد فرا خوانده اما چاره ای جز نبرد در میدان را برای خود نمیبیند با نفرتی که از خدایان حاکم دارد سعی میکند با شمشیر خویش ضربه ای سهمگین به پادشاه جبار وارد نماید اما انچه باعث افسوس و حسرت اوست این است که پادشاه جبار همیشه در جایگاه تماشاگران نشسته و با دیدن مبارزه او ،به لذتی جنون وار میرسد لذتی که فقط یک وجود و روح نارام را به چنین ارامشی میرساند اما گلادیاتور چاره ای جز مبارزه در خود نمیبیند چون راهی جز این برای او نیست در مبارزات مختلف گلادیاتور ، هرگز کینه ای از جنگجویانی را که با انان به مبارزه بر می خواست نداشت حتی چهره یکی از کسانی که شکست داده بود به یاد نداشت و فقط در پایان هر مبارزه دیدن چهره سراسر از جنون پادشاه جبار که غرق از مستی وصف ناشدنی بود به یاد می اورد و به امید روزی که پادشاه جبار او را از مبارزه منع کند تا بتواند دوباره به زندگی عادی خویش برگردد در اخرین مبارزه گلادیاتور مبارز با دیو زشت سیرت شهر رم در حالی که تمام سکوها پر از تماشاگران احمقی بود که در ایجاد مبارزه هیچ نقشی نداشتند و ان تماشاگران غافل از این بودند که حتی شادی لحظه ایشان بنا بر خواست پادشاه جبار بوده که آنان را در در جشن جنون خویش دعوت نموده که

انان نیز با کوبیدن دست و تشویق حماقت بارشان او را بیشتر سرگرم نمایند ،گلادیاتور در میدان نبرد مقابل آن دیو زشت سیرت قرار گرفت نگاهی به مانند نگاه پادشاه، جنون اسا در صورت دیو میدید که وجود ادمی را بلرزه در می اورد گلادیاتور شمشیر را چرخاند و ضربه ای مهلک به سینه دیو وارد کرد اما دیو انگار که هرگز ضربه ای بر او وارد نشده از دهان مطعفنش اتشی که بوی تمامی کینه ها و حماقت و تعصب را میداد به طرف گلادیاتور مبارز پرتاب کرد گلادیاتور با سپر اهنینی که در دست داشت،اتش کینه و حماقت را که از وجود سیاه دیو سرچشمه گرفته بود به طرف پادشاه منعکس ساخت گلادیاتور دید که دیگر برق شادی که پادشاه جبار در چشمان سراسر از جنونش هنگام مبارزه او دیده میشد خبری نیست گویا که دیو همان روح پادشاه جبار بود که پادشاه از دیدن شکستش ناخشنود میشود اری گلادیاتور اتش کینه دیو را به سمت جایگاه پادشاه منعکس ساخت و پادشاه گویی که با تمام وجود فهمیده بود که گلادیاتور مبارز پی برده که تنها دشمن برای او خود پادشاه است شمشیر زهر الود خود را در اورد و به کمک دیو زشت سیرت شتافت دیو دوباره اتشی مهیب را به طرف گلادیاتور پرتاب کرد که چشمان گلادیاتور را در برگرفت او دیگر قادر به دیدن نبود ولی شمشیرش را هنوز در دست داشت پادشاه با جهشی بزرگ به طرفش حمله ور شد و شمشیر زهر الودش را بر قلب گلادیاتور فرو کرد گلادیاتور بر زمین افتاد و پادشاه به طرفش امد و در گوشش گفت این اخرین مبارزه تو بود و من خود تو را به مبارزه فراخواندم چون تو دگر به حس مبارزه اعتقادی نداشتی من به نبرد با تو امدم تا مبارزه واقعی تر بنماید و تو به حقیقت مبارزه خویش را به اثبات رسانی

در میدان جنگ خدایان، ما مبارزان حقیقی وجود خویشیم اما غافل از اینکه صحنه را خدایان جبار هر لحظه واقعی تر می افرینند.

۴۰

انسان میپندارد با نفی خدای دین و دوری جستن از خدای ادیان اینک به باوری نسبی از حقیقت دست یافته و خدا را همانندحقیقت ذهن و باور خویش میپندارد که با تعقل و اندیشه و با درک تمام حواس پی به خدای حقیقت یا همان خدای عرفان خواهد برد،در توجیه مصاعب و تحمل شداید و سختی ها او دست به فرافکنی میزند که خدای حقیقت محتاج به به درک نیست که من را دریابد و من محتاج به درک ذات خدای حقیقت یا همان حقیقت مطلق میباشم و اینگونه فرافکنی را دلیل بر بی پاسخی های خویش میداند و در توجیه بی پاسخی و عدم دریافت پاسخی قطعی از سوی حقیقت مطلق اینگونه وجود خویش را میفریبد که خدای حقیقت یا همان حقیقت مطلق به مانند اموزگاریست که هرگز جواب شاگرد خویش را نمیدهد تا شاگر همواره پی حقیقت مطلق و سوالات خویش باشد چرا که دادن جوابی آنی از سمت حقیقت مطلق و خداوندگار حقیقت، او را انسانی بدوی و بی کوشش بار خواهد اورد و از ارزش حقیقت مطلق و تلاش برای دستیابی به آن را خواهد کاست و او انگونه که باید خویشتن را بر خویش برای دستیابی به ارزش ها اثبات کند پیش نخواهد رفت و این وظیفه من است که تمامی مشکلات و تضادها را برای رسیدن به حقیقت مطلق متحمل شوم چرا که حق همه جا حضور دارد و من همیشه در گسترده حقیقت میباشم و تحمل تضاد و سختی، ارزش پی بردن به حقیقت را دارد ،دوستان تا اینجا بحث را نگه میدارم ،خب درست، انسان منکر خدای مذهب میشود و با خرد خویش به خدای حقیقت یا همان حقیقت پی میبرد ،و حال یک سوال ؟در توضیح و توجیه بدترین و شرم اورترین واقعیات و امور ،حقیقت مطلق به چه طریقی جواب گو خواهد بود؟ایا وجود و انجام شرم اورترین واقعیت ها دال بر نبود حقیقت نمی باشد؟من پی بردن به حقیقت را عرفان مینامم که از طریق خردو باور فرد به ارزشها

شکل میگیرد،اما تعقل انسان را دلیلی بر رد عرفان و حقیقت باور فرد میدانم ،عقلانیتی که در اوج لحظه ای که فرد خویشتن را در حقیقت و عرفان مطلق حس مینماید به وی میگوید که گرسنه میباشد و از حقیقت دست بکشد و پی غذا برود ،و این دال بر جسمانی بودن فرد است که حقیقت نیز در حصار عقلانیت گرفتار امده.

عقلانیتی که انسان را به این واقعیت رهنمون میسازد که جهان و زمین جایگاه ارزومندی و تجلی نیست و انسان با دو پای خویش همواره در زمین محصور است،من بین عقلانیت و خرد فرق بزرگی را قایلم ،من خرد را باور و درک فردی هر شخصی میدانم که با خرمندی خویش پی به حقیقت های موجود خواهد برد و عقلانیت را داوری بی طرف میدانم که صریح ترین و درست ترین حکم را در باورهای موجود هر فرد با واقعیات صادر میکند و به فرد هشدار میدهد که زمین جایگاه پرواز نیست و زمین سکوی پرتاب نیست چرا که عقلانیت این پیغام را به انسان میدهد که انسان هنوز بین نیازهای جسمی محصور شده ،عقلانیت به رد خردگرایی و حقیقت مداری و حقجویی در عرفان میپردازد و به اندیشه عرفانی تلنگری را وارد میکند که فرد خود را با واقعیت های موجود وفق دهد،تکراری دگر که مشابه پی بردن به حقیقت مطلق و قدیسه افرینی در ذهن و باور انسان میباشد ،عشق عاشقی و معشوق افرینی است،که ذهن ادمی اینگونه انسان را در باور و احساس به بیراهه می برد که فرد به ارزش افرینی و قدیسه افرینی(معشوق) در باور خویش مبپردازد، و اما عقل و واقعیات موجود،با نهیب خویش منکر آن حس، باور و ارزش ماورا افرینی و قدیسه افرینی ذهنی فرد میشود،که گویی قدیسه افرینی و معشوق افرینی، تنها رویایی متعلق به ذهن آن فرد میباشد،پس به خردگرایی و حقیقت گرایی و قدیسه افرینی ذهن و باور انسان ، اطمینانی که یقینی را به همراه داشته باشد نیست.

من انسان را تنها موجودی میدانم که بر باورهای خویش استوار است ،تکیه گاه هر ادمی نه پای تنومند است نه بازوانی قوی،ستون استواری هر انسان اندیشه اوست،اندیشه ای که از طریق تجربه و درک و اندیشیدن و سنجش آن باور با تعقل و واقعیات حاصل میشود ،من در نقد عرفان فرق بین عقلانیت و خرد و درک حقیقت را متمایز کردم،منظور من از اندیشه و باور همان نهایت نتیجه ای است که انسان با درک حقیقت نسبی و تطابق حقیقت نسبی ذهن خویش با واقعیات بدست می اورد ،و انسان در نهایت این تطابق به باورمندی از خویش و محیط دست خواهد یافت که شناخت نام دارد ،من شناخت را یگانه حقیقت دست یافته انسان میدانم،شناختی که نه در حقیقت خلاصه میشود نه در واقعیت بلکه شناخت ترکیبی از خویشتن بعلاوه حقیقت و باوری از اندیشه خویش در واقعیات میباشد،اری واقعیات ،چرا که من شناختی که از تطابق با واقعیت حاصل نشود را تنها توهم ذهن میدانم،و حقیقتی را که در واقعیت خلاصه و اجرا نشود خرافه میدانم،حال انسان دارای شناخت گشته،مرحله دگر از شناخت ،فهماندن است که ادمی میکوشد باور و شناخت خویش را به هم نوعانش بفهماند ،من فهماندن را گریز ادمی از تنهایی و تنها بودن در باور خویش میدانم،و فهماندن را یگانه فریاد انسان میدانم برای معرفی شناخت به هم نوعانش،که ادمی با ارایه فهماندن میکوشد به وحدانیتی در باورها دست یابد ،وحدانیتی که در آن ارامش زیبایی و تجلی و مهروزی نمود پیدا کند ،و حال شما عزیزان که خواننده این متن هستید همگی به وحدانیتی در باور دست یافته اییم ،و آنجا که وحدانیتی شکل گرفت بدانید پیشاپیش حقیقتی شکل گرفته و اگر به ارامشی با وحدانیت رسیدید بدانید به شناختی راستین از خود دست یافته ایید

ارزش و ماهیت زندگی و زنده بودن

در دو نوشته پیشین م که راجع به نقد عرفان و حقیقت ذهن،وباور و شناخت و فهماندن بود ،به تشریحی از انسان شناسی پرداختم ،اما اکنون به ماهیت و ارزش زندگی و زنده بودن میپردازم که برای درک این موضوع مطالعه دو پست پیشین ضروری میباشد

مبحث ما اینگونه ادامه دارد که انسان با نفی حقیقت ذهنی و باور خویش و تطابق آن با واقعیات و عقلانیت به شناختی از خویش دست خواهد یافت ،شناختی که مستلزم فهماندن میباشد ،چرا فهماندن؟؟تا انسان را از تنهایی در باور و شناخت خویش نجات دهد و به وحدانیت بین تمام انسانها بینجامد وحدانیت در باور و اندیشه ،و انجا که وحدانیت شکل گیرد هرگز جنگ و خشونت و تضاد باورها صورت نخواهد پذیرفت و در این مکان و جهان است که زنده بودن و زندگی کردن معنای اصلی و حقیقی خویش را در برخواهد گرفت،حیاتی فارق از هر اندوه حتی اندوه فقدان و نبودن ومرگ،چرا که در چنین باور و شرایط فکری و شناخت ادمی از خود و هم نوعانش است که انسانها طعم جاودانه بودن را حس خواهند کرد ، و معنای زندگی تجلی پیدا خواهد کرد ،زنده بودنی جدایی از خرافات و حقیقت و باورهای دروغین، و زندگی شناور در مهروزی و عشق و درک متقابل از همه هم نوعان ،و احترام به حیوانات و تمامی اشیا پیرامون،چرا که انسان ها در چنین جهانی تنها محصور به حقیقت ذهنی خویش نمیباشند و به شناختی از خویش دست یافته اند که تجلی و جلوه گری آن شناخت را انسانها در در زنده بودن و زندگی روزمره خویش می یابند،دگر در چنین جهانی شاعری یافت نخواهد شد بلکه همه با هم یگانه فریاد و شعر درونی خویش را سر خواهند داد ،در چنین جهانی چشمان دخترکی زیبا، از پشت ابرهای رویا ،بمانند بوف کور بر جان و روح خستگان زمین وعده معشوق اسمانی و رویا اسمان را نخواهد داد ،چرا که با وحدانیت در باور و شناخت

راستین انسانها از هم هر لحظه چشمان زیبا، پس نگاه هر کس هویدا خواهد شد،دوستان تولد را من اجبار میدانم و مرگ نیز واقعیت و اجبار ادمی است اما انسانها میتوانند با شناخت کامل از خویش و حقیقت و تطابق آن با واقعیات ،زنده بودن و زندگی جاودانه را حس نمایند،چرا که اکنون آن دنیای رویایی که من تشریح کردم در ذهن و واقعیت ذهنی شما شکل پذیر خواهد بود و انچه که در ذهن به واقعیت انجامد و واقعیتی برای آن باشد، جمله حقیقی و عملی راستین و تحقق یافته خواهد شد،به امید شناخت کامل و وحدانیت نسل بشر،و نفی خرافات، مذهب و توهمات ذهنی که بزرگترین دشمن برای وحدانیت انسانها میباشد

افسوس ژرفی را که تمام وجود ادمی را در بر میگیرد و اندوهی جاودانه را بر ادمی عرضه میدارد من تنها وتنها از همزاد پنداری و همجنس پنداری وجود ادمی با حقیقت میدانم،چرا که انسان در کالبد جسم زاده شونده و از بین رونده می باشد ،ادمی می اندیشد و حقیقت را در میبابد و بنا را بر آن در باور خویش قرار میدهد که حقیقت به مانند او زاده شده ،چرا که او نمیداند حقیقت به مانند انسان زاده شونده نیست و متولد نخواهد شد حقیقت دریافت خواهد شد با اندیشه ای راستین، و تولدی هرگز آن را در بر نخواهد گرفت حقیقت پی برده خواهد شد با باوری خالی از تعصب و خرافه ،ادمی که در کالبد جسم زاده شده با دریافت و پی بردن به ذات حقیقت خود را از آن حقیقت میداند و میپندارد با دریافت و پی بردن به مهربانی ،محبت،تمامیت خواهی، و جاودانگی که از مشتقات حقیقت نسبی و دریافتی هستند او نیز جاودانه خواهد بود اما از واقعیت غافل میشود و آن این است که او محصور جسم است و زاده شده و نابود شونده،او میپندارد که اینک به حقیقت راستین باور خویش پی برده اینک به جاودانگی رسیده اما نمیداند که حقیقت هرگز تولد و مرگی ندارد ،او غافل میشود که حقیقت را دگران قبل از او دریافت کرده اند و اینک وی دریافت نموده و بعد از او نسل های اینده بشر دریافت خواهند کرد،پس او همواره خود را از آن حقیقت میداند غافل از این که حقیقت را نه تولدی است نه مرگی، و همجنس دانستن وجود خویش با حقیقت همواره اندوهی ژرف در وجود انسان لباریز مینمایند که اندوه بشر و دوری انسان از حقیقت و وحدانیت مطلق نام دارد،چرا که سرشت خودخواه بشر حقیقت را نیز برای مالکیت خویش میخواهد ،باید بیاموزیم واموزش دهیم حقیقت از آن ما نیست و ما دریافت کنندگان آنیم،و شاید این باشد رسالت ما

در فراسوی اندیشه،ما سازندگان مکتبی نوینیم ،یا پویندگان راهی نوین؟ این یگانه سوال ره پویندگان راستین حقیقت می باشد،آن کس که می اندیشد و به باوری راستین ره می یابد، به راستی به این حقیقت اشراف میابد که او را هرگز مکتبی نخواهد بود ،چرا که او را سکونی نیست ، آری پرسشگر جستجوگر را هرگز سکونی نیست، چرا که سکون و وقفه همان عدم پویشگری است و همان به اندکی بسنده کردن ،هر زمان که مکتبی شکل گرفت ،من بدان باورم که صاحبان مکاتب خستگان ره حقیقت و روشنگری هستند و همان بسنده کنندگان راه،و سازندگان اصول اندیشیه،چرا که هراس ادامه پویش، آنان را به اصول رهنمون ساخته وانان سازندگان اصول متکب باور خویش خواهند شد و باید و نبایدها در ارزش ها و اندیشیدن از باور اینان شکل میگیرد و قانون مند خواهد شد ،و آن کس که مبلغ و سازنده مکتبی است به باید و نبایدهای مکتب عمل کرده و تنها انتظار امدن رهروان مکتب خویش را دارد،من اندیشه راستین را فارق از هر سکون و مکتبی و پیروانی میدانم ،مکتبی که همواره پویا است ،و در نفی سکون، هرگز آن را باید و نبایدی نیست و نفی باید و نباید نفی هنجار نامیده میشود و مکتبی را که هنجاری نیست قداستی ندارد و انچه را که قداستی نیست تعصبی نیست و آنجا که تعصب کنار نهاده شد همواره پرسشی نوین پرسیده خواهد شد،پرسشی که هرگز از هنجار و تعصب شکل نخواهد گرفت وبه پویندگی و جستجوگری در این ره نوین می انجامد